Introdução a bancos de dados

SÉRIE INFORMÁTICA

Dados Internacionais de Catalogação na Publicação (CIP)
(Jeane Passos de Souza — CRB 8ª/6189)

Pereira, Paloma Cristina
    Introdução a bancos de dados / Paloma Cristina Pereira. –
São Paulo: Editora Senac São Paulo, 2020. (Série Informática)

    ISBN 978-65-5536-148-3 (impresso/2020)
    e-ISBN 978-65-5536-149-0 (ePub/2020)
    e-ISBN 978-65-5536-150-6 (PDF/2020)

    1. Banco de dados (Ciência da computação)   I. Título
II. Série.

20-1142t   CDD – 005.74
                             COM018000

Índice para catálogo sistemático:

    1. Banco de dados   005.74

Introdução a bancos de dados

Paloma Cristina Pereira

Editora Senac São Paulo – São Paulo – 2020

ADMINISTRAÇÃO REGIONAL DO SENAC NO ESTADO DE SÃO PAULO

Presidente do Conselho Regional: Abram Szajman
Diretor do Departamento Regional: Luiz Francisco de A. Salgado
Superintendente Universitário e de Desenvolvimento: Luiz Carlos Dourado

EDITORA SENAC SÃO PAULO

Conselho Editorial: Luiz Francisco de A. Salgado
Luiz Carlos Dourado
Darcio Sayad Maia
Lucila Mara Sbrana Sciotti
Luís Américo Tousi Botelho

Gerente/Publisher: Luís Américo Tousi Botelho
Coordenação Editorial/Prospecção: Dolores Crisci Manzano e Ricardo Diana
Administrativo: grupoedsadministrativo@sp.senac.br
Comercial: comercial@editorasenacsp.com.br

Edição e Preparação de Texto: Rafael Barcellos Machado
Revisão de Texto: Isabela Talarico
Projeto Gráfico e Capa: Antonio Carlos De Angelis
Editoração Eletrônica: Marcio da Silva Barreto
Impressão e Acabamento: Gráfica CS

Nenhuma parte desta publicação poderá ser reproduzida, guardada pelo sistema "retrieval" ou transmitida de qualquer modo ou por qualquer outro meio, seja este eletrônico, mecânico, fotocópia, gravação, ou outros, sem prévia autorização, por escrito, da Editora Senac São Paulo.

Todos os direitos desta edição reservados à
Editora Senac São Paulo
Rua 24 de Maio, 208 – 3ª andar – Centro – CEP 01041-000
Caixa Postal 1120 – CEP 01032-970 – São Paulo – SP
Tel. (11) 2187-4450 – Fax (11) 2187-4486
E-mail: editora@sp.senac.br
Home page: www.livrariasenac.com.br

© Editora Senac São Paulo, 2020

Sumário

Apresentação		7
	O que é a Série Informática	9
	Utilizando o material da Série Informática	10
1	**Introdução a bancos de dados**	21
	Das tábuas de argila aos grandes arquivos de gavetas	23
	Os primeiros bancos de dados computacionais	23
	Conceitos gerais	26
2	**Modelo conceitual**	31
	Modelo de entidade-relacionamento	33
	Diagrama de entidade-relacionamento	35
	Implementando um MER e um DER	37
3	**Modelo lógico**	47
	Importância da modelagem lógica	49
	Normalização de bancos de dados	50
	Implementando um modelo lógico de banco de dados	55
4	**Modelo físico**	61
	Implementando o banco de dados	63
	Criando um novo banco de dados no modo interativo	65
	Criação do banco de dados através de scripts SQL	75
5	**Aprimorando o banco de dados e as consultas**	95
	Melhorando a organização e a performance	97
	Cláusulas, operadores e funções SQL	99
	Transações e integridade dos dados	106
6	**Exercícios**	117
	Respostas	120
Sobre a autora		125
Índice geral		127

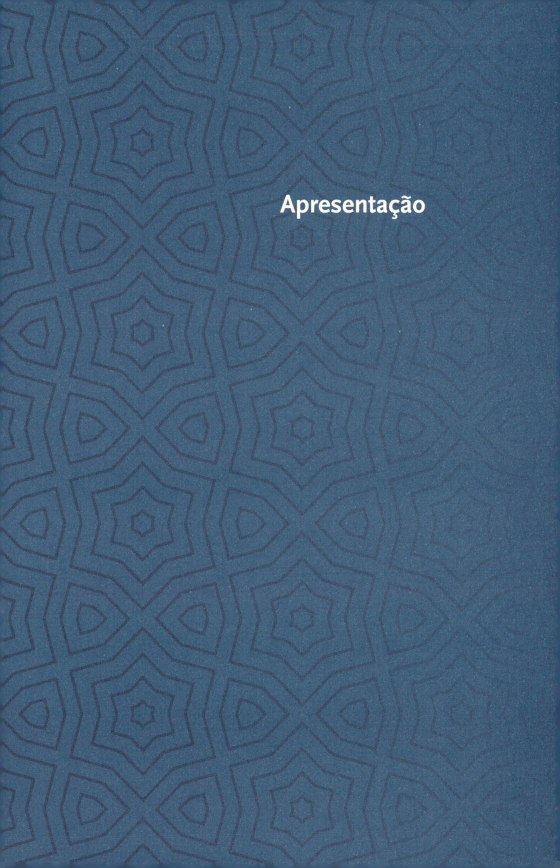

Apresentação

O que é a Série Informática

A Série Informática foi criada para que você aprenda informática sozinho, sem professor! Com ela, é possível estudar os softwares mais utilizados pelo mercado, sem dificuldade. O texto de cada volume é complementado por arquivos eletrônicos disponibilizados pela Editora Senac São Paulo.

Para utilizar o material da Série Informática, é necessário ter em mãos o livro, um equipamento que atenda às configurações necessárias e o software a ser estudado. Neste volume, você encontrará informações básicas para a operação dos programas draw.io e MySQL Workbench. Ele foi estruturado com base em atividades que permitem estudar o software passo a passo. Para isso, você deverá ler com atenção e seguir corretamente todas as instruções. Se encontrar algum problema durante uma atividade, volte ao início e recomece; isso ajudará a esclarecer suas dúvidas e suplantar dificuldades.

EQUIPAMENTO NECESSÁRIO

Para você estudar com este material e operar o draw.io e o MySQL Workbench, é importante que seu computador tenha as configurações mínimas a seguir.

Requisitos do sistema

- Microsoft® Windows® 7, Windows 8/8.1, Windows 10, Windows Server 2012 ou Windows Server 2012 R2.

- Processador de 32 bits (x86) ou 64 bits (x64) de 2.0 GHz ou superior.

- 4 GB de RAM.

- 4 GB de espaço livre em disco para a instalação do MySQL Workbench.

- Conexão à internet para a utilização do draw.io.

ESTRUTURA DO LIVRO

Este livro está dividido em capítulos que contêm uma série de atividades práticas e informações teóricas sobre bancos de dados. Para obter o melhor rendimento possível em seu estudo, evitando dúvidas ou erros, é importante que você:

- leia com atenção todos os itens, pois sempre encontrará informações úteis para a execução das atividades;

- faça apenas o que estiver indicado no passo a passo e só execute uma sequência após ter lido a instrução do respectivo item.

Apresentação – 9

Utilizando o material da Série Informática

É muito simples utilizar o material da Série Informática. Inicie sempre pelo primeiro capítulo, leia atentamente as instruções e execute passo a passo os procedimentos solicitados no texto. Antes de iniciar as atividades propostas, instale os programas conforme as orientações a seguir.

Instalando o MySQL

1. Para fazer o download do MySQL, acesse o site https://dev.mysql.com/downloads/installer/ e faça o download do segundo instalador, conforme indicado na imagem abaixo.

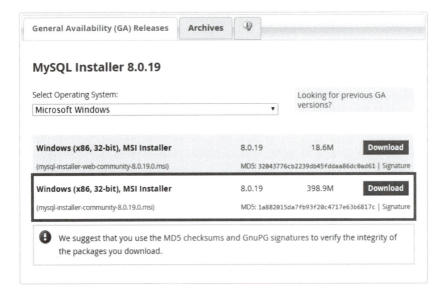

2. Ao clicar em *Download*, você será redirecionado para a página de login do site. Porém, não é preciso entrar no sistema. Basta clicar em *No thanks, just start my download*.

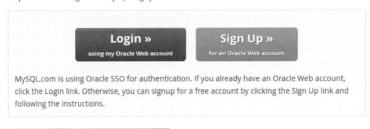

3. Salve o arquivo em seu computador, na pasta de sua preferência e, em seguida, clique duas vezes sobre ele para executá-lo. Caso apareça alguma mensagem pedindo permissão para que o programa faça alterações em seu computador, clique em *Sim*.

4. O instalador será aberto e permitirá escolher o tipo de instalação. Selecione a opção *Developer Default* para que seja instalado o servidor MySQL e outras ferramentas de desenvolvimento, como o MySQL Workbench. Clique em *Next*.

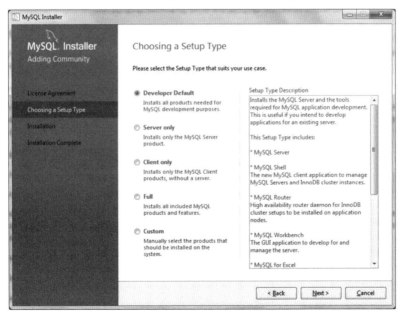

5. Na tela seguinte, o programa verificará se os requisitos da instalação foram cumpridos. Clique mais uma vez em *Next*.

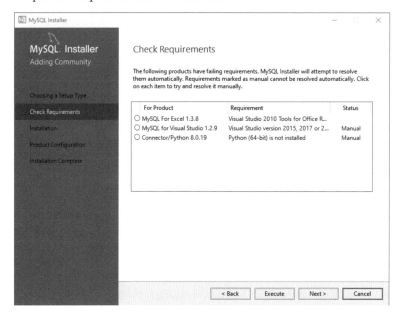

6. Caso apareça uma mensagem informando que algum dos requisitos de instalação não foi cumprido, clique em *Yes*, e o programa tentará resolver o problema automaticamente. A tela seguinte permite escolher quais ferramentas serão instaladas. Clique em *Execute* para instalar todas. Quando a instalação dos componentes terminar, clique em *Next*.

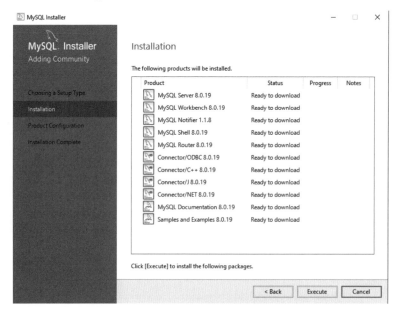

12 – Introdução a bancos de dados

7. Na janela seguinte, o programa indica que vai guiá-lo durante as configurações do produto. Clique em *Next* para iniciar a configuração do MySQL Server.

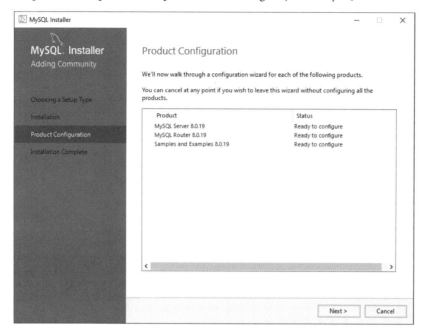

8. Na primeira configuração, *High Availability*, selecione a opção *Standalone MySQL / Classic MySQL Replication* e clique em *Next*.

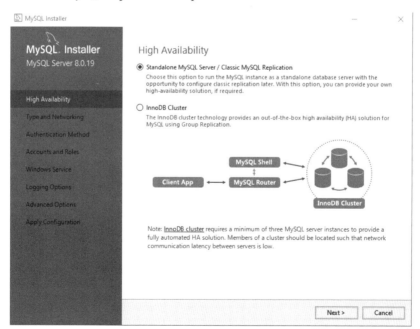

Apresentação – 13

9. Em *Type and Networking*, deixe as configurações padrão e clique em *Next*.

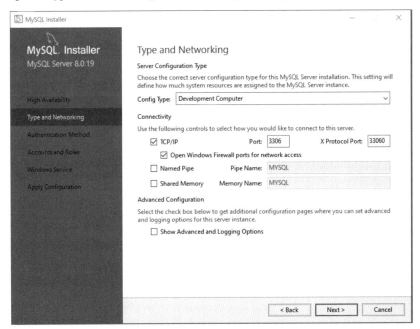

10. Em *Authentication Method*, selecione a opção *Use Strong Password Encryption for Authentication* e clique em *Next*.

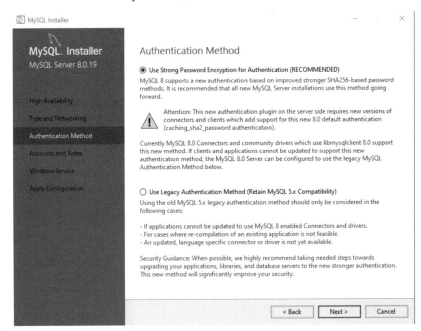

11. Em *Accounts and Roles*, crie uma senha para o usuário *root* e não esqueça de anotá-la, pois ela será usada posteriormente. Em seguida, clique em *Next*.

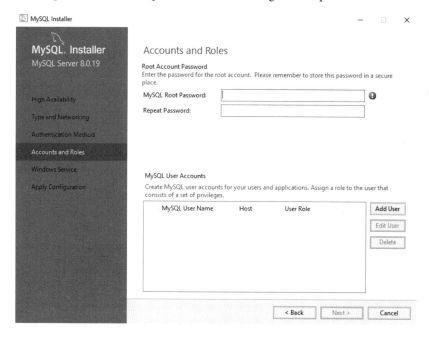

12. Em *Windows Service*, deixe as configurações padrão e clique em *Next*.

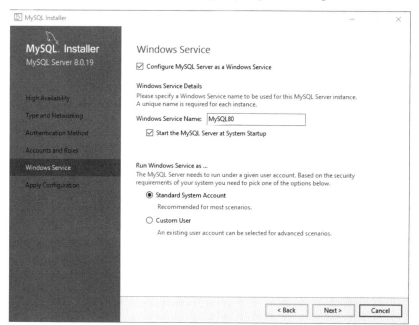

13. Em *Apply Configuration*, clique em *Execute*, aguarde até que todas as configurações sejam aplicadas e então clique em *Finish*.

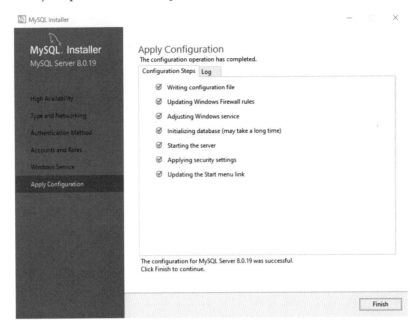

14. A configuração do MySQL Server está concluída, e o programa voltará para a página *Product Configuration*. Clique em *Next* para iniciar a configuração do MySQL Router.

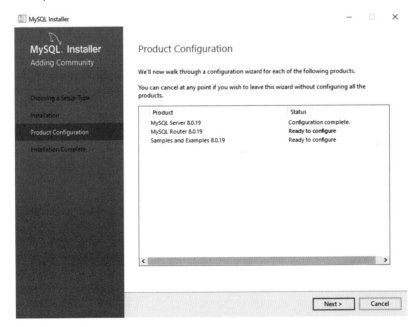

16 – Introdução a bancos de dados

15. Em *MySQL Router Configuration*, apenas clique em *Finish*.

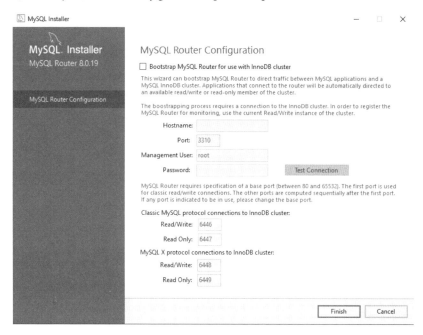

16. A configuração do MySQL Router está concluída, e o programa voltará para a página *Product Configuration*. Clique em *Next* para iniciar a configuração de *Samples and Examples*.

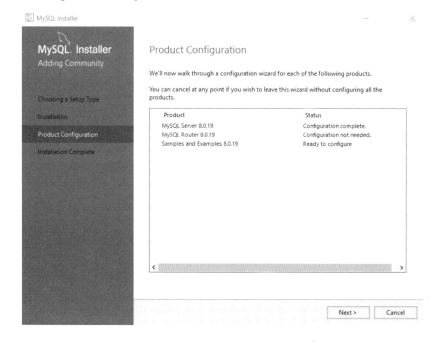

Apresentação – 17

17. Em *Connect to Server*, digite a senha do usuário *root* criada anteriormente e clique em *Check*. A conexão com a instância será estabelecida. Em seguida, clique em *Next*.

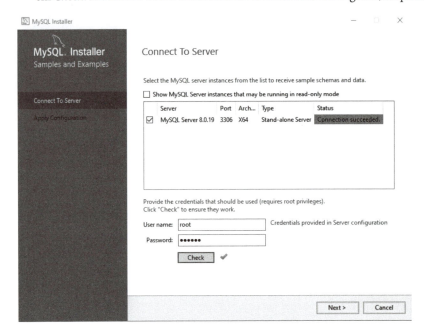

18. Em *Apply Configuration*, clique em *Execute* e aguarde até que os scripts sejam rodados. Em seguida, clique em *Finish*.

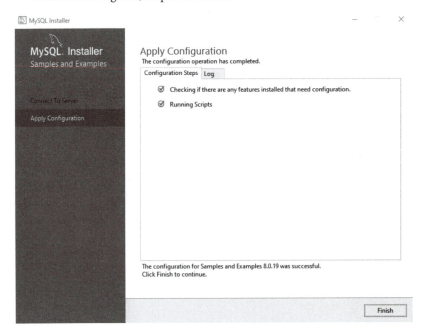

19. O programa de instalação voltará à página *Product Configuration*. Clique em *Next*.

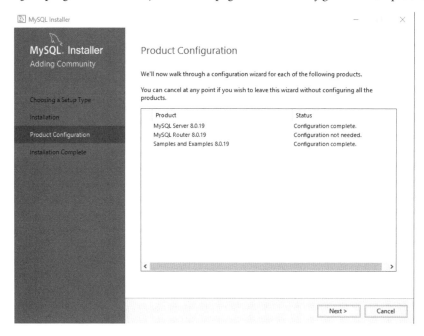

20. A instalação está finalizada. Deixe marcadas as opções *Start MySQL Workbench after Setup* e *Start MySQL Shell after Setup* e clique em *Finish*.

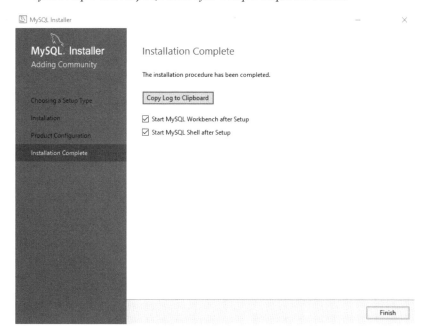

21. Será aberto o shell (prompt de comando) do MySQL e, em seguida, o MySQL Workbench será executado.

Como baixar o material da Série Informática

Para a verificação dos exercícios dos capítulos e das atividades propostas, disponibilizamos no site da Editora Senac São Paulo os arquivos compactados contendo o conjunto de pastas referentes aos projetos que serão desenvolvidos ao longo do livro.

1. Para fazer o download, acesse a internet e digite o link:

http://www.editorasenacsp.com.br/informatica/banco_de_dados/atividades.zip

2. Ao ser exibido em seu navegador, faça o download da pasta na área de trabalho (ou no local de sua preferência).

3. Descompacte os arquivos.

Bom estudo!

1

Introdução a bancos de dados

OBJETIVOS

» Apresentar o que são bancos de dados e sua história

» Entender os conceitos fundamentais

» Conhecer benefícios e profissões relacionados a banco de dados

Das tábuas de argila aos grandes arquivos de gavetas

Hoje em dia, falar em bancos de dados no contexto computacional é algo comum e bastante corriqueiro, mas o fato é que a necessidade de registrar e armazenar informações existe há muito tempo, desde milênios antes do surgimento dos computadores. Por exemplo, se pensarmos nos homens de Neandertal da pré-história, suas pinturas rupestres já serviam como um registro de informações sobre caçadas, ritos e outros elementos de sua cultura. Avançando alguns milênios no tempo, encontramos outro exemplo, um pouco mais elaborado, no berço da civilização, a Mesopotâmia, onde eram usadas tabuletas de argila com anotações em escrita cuneiforme para registrar informações sobre trocas comerciais, pagamentos de impostos e outras transações importantes.

De lá para cá, a necessidade e as possibilidades de registrar e armazenar informações apenas aumentaram, e ao longo dos séculos as tábuas de argila da Mesopotâmia foram substituídas por pergaminhos, depois por papel e então por livros, ao mesmo tempo que a escrita também se desenvolvia, permitindo o registro de informações mais complexas do que os rudimentares dados contábeis da Mesopotâmia.

Com isso, surgiu outra necessidade premente: a de organizar, catalogar e indexar tais informações, para que pudessem ser acessadas rapidamente quando fossem necessárias. Dessa forma, foram criadas diversas metodologias e boas práticas para a organização de dados, muitas das quais ainda são usadas hoje, tais como a ordenação cronológica, por ordem alfabética, por assunto, etc., que permitem encontrar informações nos contextos modernos mais diversos: livros em uma biblioteca, fichas cadastrais de clientes em uma loja, prontuários dos pacientes em um hospital e muitos outros ambientes.

Apesar de todos esses avanços, o registro e o armazenamento de informações em papel demandavam muito espaço físico e ofereciam certos desafios para a manutenção da organização. Tomando como exemplo as fichas cadastrais de clientes lojistas, basta pensar que elas eram guardadas em grandes arquivos de metal, com gavetas abarrotadas de pastas separadas por ordem alfabética no fundo da loja. Se você quisesse fazer uma pesquisa naquelas fichas, teria de procurar os registros por ordem alfabética até encontrar o cadastro desejado, torcendo para que ninguém o tivesse tirado da ordem certa. E teria de se lembrar de devolver a ficha cadastral ao local certo após tê-la utilizado.

Os primeiros bancos de dados computacionais

Apesar das dificuldades para criar, manter e pesquisar um arquivo de gavetas físicas como o do exemplo, podemos dizer que ele era um banco de dados, um local reservado e organizado para facilitar a manutenção e a localização de informações. Até poucas décadas atrás, tudo isso era feito em papel, mas o desenvolvimento de ferramentas computacionais permitiu a digitalização dessas e de muitas outras informações. Assim, a diferença em relação aos bancos de dados computacionais é que estes utilizam sistemas de armazenamento virtual de informações, enquanto aquele se valia de sistemas físicos.

Essa transição de um sistema físico para um sistema virtual se deu aos poucos, ao longo de várias décadas. Por exemplo, na década de 1880, o norte-americano Herman Hollerith deu os primeiros passos em relação à entrada de informações nos rudimentares computadores mecânicos da época por meio de cartões perfurados, ao patentear uma máquina que lia tais cartões e permitia agilizar o recenseamento da população. A partir de então, outras máquinas computacionais foram inventadas, sobretudo durante os esforços de guerra no final da década de 1930 e início da década de 1940, servindo essencialmente como gigantescas calculadoras, capazes de realizar cálculos complexos mais rapidamente do que qualquer ser humano. Interessantemente, dados tais como nomes, telefones e endereços eram considerados meras sobras do processo computacional.

Na década de 1960, Charles W. Bachman começou a desenvolver a noção de banco de dados, significando uma coleção de informações organizadas de maneira que pudessem ser acessadas e recuperadas por meio de um sistema gerenciador de banco de dados (SGBD). O modelo desenvolvido por Bachman foi chamado de Integrated Database System (IDS) e utilizava o modelo de rede. Sem querer ficar para trás, na mesma época a IBM também começou a trabalhar no Information Management System (IMS), que se baseava em seu próprio modelo de banco de dados hierárquico.

Bancos de dados hierárquicos

Neste modelo, as informações são armazenadas como em uma árvore. Para ilustrar, a figura a seguir mostra o modelo hierárquico de uma empresa que tenha os departamentos Vendas, RH e Administrativo, bem como os funcionários de cada departamento.

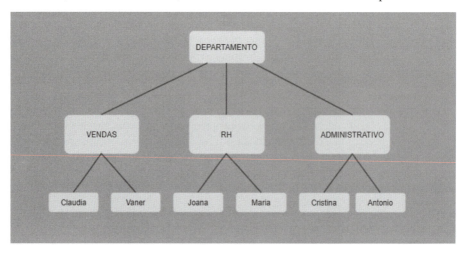

Nesse modelo de bancos de dados, as informações eram acessadas de forma unidirecional, ou seja, cada pesquisa percorria um "galho" da árvore de cada vez, até que a informação desejada fosse localizada. No exemplo acima, se fosse necessário obter os dados da funcionária *Cristina*, seria necessário primeiro acessar o departamento *Administrativo*, o que a princípio pode não parecer muito complicado. Porém, em um contexto mais complexo, com uma árvore maior, isso tornava as buscas demoradas. De certa forma, a estrutura lógica desse tipo de banco de dados ainda se baseava nos antigos métodos físicos de armazenamento de informações.

Bancos de dados em rede

A principal diferença entre o modelo hierárquico da IBM e o modelo em rede de Bachman é que neste não havia hierarquia para a ligação entre os dados, podendo um registro pertencer a diversos outros registros, ou um funcionário pertencer a diversos departamentos, como ilustrado na imagem a seguir.

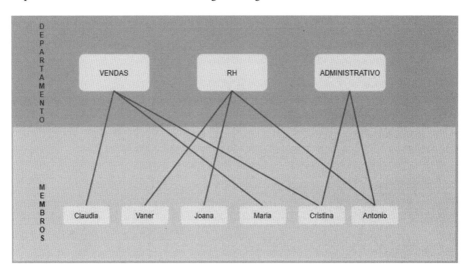

Bancos de dados relacionais

Posteriormente, da década de 1970, Edgar F. Codd desenvolveu o modelo de banco de dados relacional, apresentando uma modelagem baseada em entidades, representadas por tabelas. Cada entidade possui atributos próprios, representados pelas colunas da tabela, e cada dado inserido torna-se uma linha na tabela. Dessa forma, esse modelo finalmente rompia com a estrutura lógica dos métodos de armazenamento físico de informações. A ilustração a seguir mostra uma estrutura de banco de dados relacional, apresentando as entidades DEPARTAMENTO e FUNCIONARIO, bem como seus atributos (a coluna *descricao*, na entidade DEPARTAMENTO, e as colunas *nome* e *departamento*, na entidade FUNCIONARIO).

DEPARTAMENTO			FUNCIONARIO		
ID	DESCRICAO		ID	NOME	DEPARTAMENTO
1	VENDAS		1	CRISTINA	3
2	ADMINISTRACAO		2	ANTONIO	2
3	RH		3	VANER	1

A figura anterior mostra também a relação entre as duas entidades, representada pela linha que as conecta. Essa é a modelagem de banco de dados com a qual trabalharemos ao longo deste livro e a mais difundida atualmente.

Conceitos gerais

Entende-se por dado toda informação que nos permite adquirir determinado conhecimento, como um nome, um endereço, um telefone, etc., constituindo, assim, a matéria-prima para a geração de um conjunto de dados.

Dessa forma, podemos chamar de banco de dados um conjunto de dados relacionados e armazenados de maneira lógica e organizada, a fim de registrar e prover informações conectadas a uma necessidade do mundo real. Neste cenário, entende-se informação como a organização dos dados de acordo com o contexto, de modo que o conjunto dos dados organizados constitui a informação com significado. Sendo assim, a modelagem de banco de dados implica criar um modelo abstrato capaz de organizar informações do mundo real.

Para manter a organização dos dados manipulados no banco de dados, precisamos também de metadados, que são dados sobre os dados. Ou seja, são informações e representações sobre os próprios dados, que garantem a consistência (a inviolabilidade dos dados, que evita a corrupção de informações) e a persistência dos dados (a garantia de que os dados serão de fato armazenados) através das características definidas. Um exemplo de metadado são as próprias tabelas do banco de dados, ou as colunas das tabelas. A tabela representa a estrutura do conjunto de dados que será armazenado, ou seja, ela é um dado sobre quais informações serão agrupadas. Além disso, cada coluna representa também um dado sobre os dados, já que a coluna *nome*, por exemplo, indica que nela será armazenado o nome da entidade.

 O símbolo a seguir é uma representação de um banco de dados, ou armazenamento de informações, sendo utilizado principalmente em diagramas ou modelagens.

Para que usar bancos de dados

Os bancos de dados permitem o armazenamento de informações que podem ser compartilhadas com outras áreas de uma empresa. Por exemplo, se um departamento recebe determinado pedido e compartilha essa informação em uma base de dados, através de um sistema integrado, a solicitação pode ser automaticamente enviada ao departamento responsável pela execução do pedido.

Prezar pela segurança dos dados é outro motivo para se optar por um banco de dados, não só em relação a ataques cibernéticos, mas também pela possibilidade de se fazer backup e recuperação em caso de falhas ou perdas de dados de outra natureza.

Bancos de dados também permitem a consistência dos dados. A inconsistência ocorre quando existem versões diferentes dos mesmos dados em locais diferentes da organização. Ao usar um banco de dados adequado, assim como ferramentas de gerenciamento da qualidade dos dados, aumentamos a abrangência dos dados e seu compartilhamento em toda a organização.

Ao implementar um banco de dados em uma organização, outros benefícios são o aumento da produtividade e a diminuição de gastos do usuário final, que não precisará gastar tempo para escrever informações ou as buscar em arquivos em papel, já que poderão ser rapidamente inseridas, armazenadas ou consultadas no sistema do banco de dados.

Também é possível implementar regras de privacidade em um banco de dados para que apenas os usuários autorizados possam acessar sua estrutura e os dados nele contidos. Existem níveis de acesso ao banco de dados, e os usuários podem visualizar apenas os dados para os quais tenham autorização. Por exemplo, em um sistema de vendas, o vendedor tem acesso a partes do sistema diferentes daquelas acessadas pelos funcionários do departamento de recursos humanos da empresa: uma regra de privacidade previne que o vendedor tenha acesso a tabelas de funcionários e departamentos, bem como impede o responsável pelo RH de acessar a tabela de vendas.

Por serem arquivos, ou conjuntos de arquivos de computador, a manipulação dos bancos de dados se torna mais fácil a partir dos sistemas de gerenciamento de banco de dados (SGBD). O sistema gerenciador cuida automaticamente do backup e da recuperação do banco de dados. Assim, os usuários não precisam fazer backup periodicamente, porque isso é resolvido automaticamente pelo SGBD, que também permite restaurar o banco de dados após uma falha do sistema.

Sistema de gerenciamento de banco de dados (SGBD)

Quando decidimos modelar e criar uma base de dados, precisamos utilizar um SGBD, um sistema com diversas funções para modelagem, construção e manipulação de um ou mais bancos de dados. Esses sistemas são usados desde a definição até a construção dos bancos de dados, permitindo a manutenção e proteção dos dados.

Hoje em dia, temos diversos sistemas gerenciadores disponíveis e devemos avaliar a necessidade da organização ao escolher qual será utilizado. A modelagem de banco de dados é onde acontece a análise da necessidade do negócio, permitindo a tomada de decisões funcionais de acordo com os requisitos e especificações dos tipos de dados. A etapa de construção é onde são definidas estruturas da base de dados e modelagem, sobre as quais falaremos a seguir.

Agora que já entendemos o ciclo de criação e utilização da base de dados, precisamos entender o que é um sistema de banco de dados, que basicamente integra a base de dados ao software que vai manipulá-la e inserir e consultar os dados inseridos nessa base.

Sistema de banco de dados

Classificamos como sistema de banco de dados o conjunto de elementos interconectados que permite ao usuário final fazer uso dos dados e manipulá-los. A representação a seguir demonstra como os bancos de dados são aplicados ao usuário final através de sistemas.

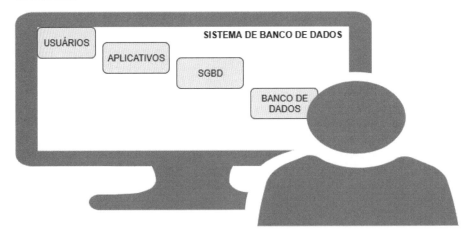

A representação acima demonstra como os bancos de dados são aplicados ao usuário final através de sistemas. Por exemplo, um determinado comércio necessita de um sistema para controle de estoque que será acessado pelos funcionários da loja para realizar a consulta do estoque. Os funcionários que utilizam essa aplicação são classificados como os usuários finais.

A aplicação a ser desenvolvida precisa permitir que os dados do estoque sejam salvos e consultados, sendo, portanto, necessário armazená-los em um banco de dados. Nessa etapa, os desenvolvedores (também chamados de usuários do banco de dados) realizarão integrações e modelagens utilizando o SGBD para que o banco de dados possa ser implementado e, posteriormente, utilizado pela aplicação de estoque.

Profissionais que atuam com bancos de dados

- **Administrador**: O administrador de banco de dados, também conhecido como Database Administrator (DBA), é responsável por gerenciar, realizar backups e tudo o que for necessário para manter o banco de dados disponível. É um papel extremamente importante em muitos departamentos de TI. Por exemplo, em uma empresa que realiza vendas, o DBA garante que ao final do dia seja executado um backup do banco de dados em outro servidor, com as informações disponíveis até aquele dia. No caso de qualquer imprevisto, o DBA pode restaurar o backup feito anteriormente.

- **Projetista**: O projetista de banco de dados é responsável por esboçar a estrutura da base de dados e, de acordo com requisitos necessários, coletar, proteger e analisar os dados através de código. Os projetistas trabalham de forma independente e como parte de uma equipe maior de profissionais de TI. Geralmente são supervisionados diretamente por um administrador de banco de dados. Além do ramo de TI, outras empresas contratam projetistas de banco de dados para organizar e até realizar a manutenção de banco de dados.

- **Analista**: Os analistas de banco de dados garantem que os dados sejam consultados e disponibilizados de forma coesa. Eles entendem a necessidade do usuário e anali-sam o banco de dados para garantir que os dados não estejam repetidos ou errados. Além disso, realizam o levantamento de requisitos e das especificações técnicas para iniciar o esboço da estrutura de dados e traçar estratégias.

- **Desenvolvedores (usuários)**: Os usuários de bancos de dados são os responsáveis por integrar a base de dados a sistemas e aplicativos. Esse papel é também o que mais aproveita os benefícios de um banco de dados e do sistema gerenciador de banco de dados. Conhecidos também como programadores ou desenvolvedores, eles in-teragem com o banco de dados através do SQL, uma linguagem de banco de dados utilizada para manipular tanto a estrutura quanto os dados do banco de dados.

Anotações

2

Modelo conceitual

OBJETIVOS

» Entender os principais conceitos e a simbologia da modelagem conceitual

» Implementar diagramas e modelagem conceitual de banco de dados

Modelo de entidade-relacionamento

As modelagens de banco de dados servem principalmente para que a necessidade do cliente possa ser esboçada, planejada e analisada antes que o banco de dados seja de fato criado. A cada modelagem, é definida uma estrutura semântica, lógica e sintática para o banco de dados, bem como sua representação através de diagramas, entidades e implementações. O modelo conceitual de banco de dados trata da modelagem, independentemente da plataforma ou implementação escolhida, representando as necessidades do mundo real. Nessa etapa, ocorre a definição de quais dados poderão ser gravados, mas não preocupação quanto a linguagens ou SGBDs específicos. É realizada a análise dos conjuntos de dados relevantes perante as necessidades do usuário final e então damos início às especificações do banco de dados através do modelo de entidade--relacionamento (MER), que é um tipo de modelo descritivo conceitual, utilizado para descrever de forma abstrata os objetos que existirão em um banco de dados. O MER é construído a partir dos objetos e conceitos de *Entidade*, *Atributos* e *Relacionamentos*.

ENTIDADES

Ao analisarmos um requisito de sistema, mapeamos os objetos que são importantes para a solução. Por exemplo, em um sistema de vendas, podemos identificar a necessidade de guardar informações sobre produtos e clientes de uma determinada venda. Nesse exemplo, podemos mapear *PRODUTO*, *CLIENTE* e *COMPRA* como entidades, ou seja, objetos do mundo real que têm importância para o sistema.

As entidades podem ser classificadas em três tipos:

- **Entidade forte**: São as entidades independentes de outras entidades. Por exemplo, a entidade *PRODUTO* existe independentemente de outras entidades, como *CLIENTE* ou *COMPRA*.

- **Entidade fraca**: Classificamos como fracas as entidades que necessitam de outras entidades para existir, ou seja, que são um complemento de uma entidade forte. Como no exemplo dado acima, classificamos como fraca a entidade *COMPRA*, já que uma venda não existirá sem a existência de um *PRODUTO* a ser vendido.

- **Entidade associativa**: É classificada como uma entidade auxiliar, utilizada para associar duas outras entidades no caso de um relacionamento muitos para muitos. Ao estudarmos o relacionamento muitos para muitos entenderemos a importância desta entidade.

ATRIBUTOS

Cada entidade possui uma ou mais características, chamadas de atributos. No exemplo do sistema de vendas, na entidade *CLIENTE*, podemos definir atributos tais como o código do cliente, seu nome, documento e endereço. Dessa maneira, o modelo da entidade *CLIENTE* começa a tomar forma, e, a partir do momento em que os dados forem guardados, os atributos formarão um conjunto de características da entidade *CLIENTE*.

Confira uma breve descrição de alguns tipos de atributos:

- **Atributo obrigatório**: É aquele cujo preenchimento é obrigatório quando a entidade é utilizada. Por exemplo, na entidade *CLIENTE*, podemos tornar obrigatório o atributo *NOME*.

- **Atributo identificador**: É aquele responsável por identificar unicamente cada registro inserido na entidade, sendo conhecido na modelagem física como chave primária. No exemplo do sistema de vendas, o atributo identificador seria o *CÓDIGO DO CLIENTE*, pois a cada cliente inserido no banco de dados será criado um novo código que não pode ser repetido, de forma que cada cliente terá uma informação única para ser reconhecido no banco de dados.

- **Atributo opcional**: Como o nome já diz, são atributos opcionais, tais como observações ou outras informações que não sejam de extrema importância para a função da entidade.

- **Atributo composto**: Em casos nos quais o atributo é composto por mais de uma informação, podemos quebrá-lo em mais de um, a fim de organizar a disposição das informações. Por exemplo, podemos classificar como atributo composto o atributo *ENDEREÇO* da entidade cliente, dividindo-o em nome da rua, número, cidade e estado. Ao organizarmos cada informação no seu respectivo atributo básico, tornamos o atributo composto.

- **Atributo derivado**: É um atributo derivado de cálculos. Por exemplo, na entidade *COMPRA* podemos adicionar o preço total da compra, sendo a soma de todos os produtos que estiverem associados à compra.

- **Atributo multivalorado**: Atributos que podem conter mais de um registro são classificados como multivalorados, por exemplo, o número de telefone, que pode abarcar o número fixo e o móvel, ou seja, mais de um.

RELACIONAMENTO E CARDINALIDADE

Após identificar as entidades necessárias para o banco de dados e seus respectivos atributos, precisamos entender como essas entidades se associam – isso é o que chamamos de relacionamento. De acordo com a quantidade de entidades envolvidas no relacionamento, definimos também a cardinalidade do relacionamento, que pode ser dividida em três tipos:

- **Um para um, ou unário (1:1)**: Esta regra é aplicada a entidades em que um registro pode ter ligação, ou seja, relacionamento com somente um registro de outra entidade. Por exemplo, uma *COMPRA* só pode ser relacionada a um *CLIENTE*, ou seja, o relacionamento entre essas entidades é um para um.

- **Um para muitos (1:N)**: Esta regra segue a premissa que uma entidade pode ter uma ou mais associações com outra entidade. Por exemplo, uma *COMPRA* pode ter mais de um *PRODUTO*, ou seja, a relação entre essas entidades é de um para muitos.

- **Muitos para muitos, ou ternário (M:N)**: Neste relacionamento, uma entidade pode conter várias referências de uma outra entidade, e vice-versa. Por exemplo, a entidade FORNECEDOR pode se relacionar com muitos PRODUTOS, e vice--versa. Nesse cenário, é necessário utilizar uma entidade associativa para auxiliar o relacionamento.

Diagrama de entidade-relacionamento

Após estabelecer o MER, é necessário criar um diagrama de entidade-relacionamento (DER), que também é utilizado para representar de forma abstrata a modelagem do banco de dados, porém graficamente, através de formas e símbolos, como no exemplo abaixo.

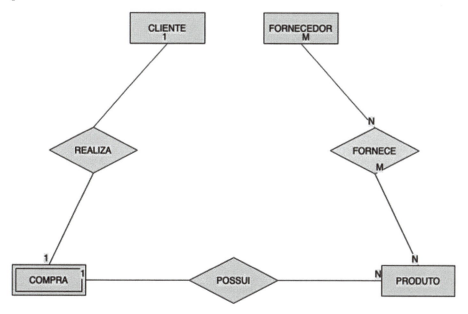

Simbologia no DER

No DER, as entidades, os atributos e os relacionamentos são representados por formas específicas, como apresentaremos a seguir.

Símbolos para entidades

As entidades são representadas por retângulos, e a identificação dos objetos representados por elas é feita com substantivos. As entidades fortes, fracas e associativas distinguem-se pelas seguintes representações:

Símbolos para atributos

Os atributos são as características das entidades, representados pela forma de elipses. Sua identificação também é feita com substantivos, e a distinção entre os diferentes tipos é feita da seguinte forma:

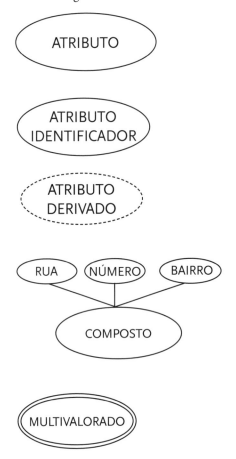

Símbolos para relacionamentos e cardinalidade

A forma do losango representa os relacionamentos, que em geral são identificados com um verbo.

Já a cardinalidade do relacionamento é representada por linhas com números/letras nas pontas. As linhas a seguir representam, respectivamente, as cardinalidades um para um, um para muitos e muitos para muitos.

```
_____ 1


_____ N


M _____ N
```

Implementando um MER e um DER

Tendo como base os fundamentos vistos até aqui, agora passaremos à manipulação de um banco de dados na prática. Para isso, aprenderemos a modelar, através de conceitos e diagramas, um banco de dados. Em seguida, entenderemos melhor sobre bancos de dados e veremos como implementar a estrutura de dados modelada.

CENÁRIO PROPOSTO

Para isso, vamos nos basear no cenário a seguir.

- **Situação atual**: Uma loja de produtos diversos atualmente utiliza planilhas para a organização das vendas realizadas. Porém, algumas vezes os funcionários anotam as transações em papel, ou não preenchem todas as informações solicitadas nas planilhas. Com isso, a empresa vem sofrendo prejuízos, perda de informação e retrabalho. A empresa possui funcionários e fornecedores. A cada transação de venda, pode haver produtos de mais de um fornecedor, porém a venda não pode ser compartilhada entre dois ou mais clientes.

- **Necessidade**: Para o crescimento da empresa, o diretor decidiu investir em um sistema, e para isso necessita que sejam mapeadas as necessidades operacionais, a fim de que a modelagem do banco de dados do sistema seja entregue e o banco de dados implementado. O sistema deve ser capaz de armazenar informações de produtos, clientes, vendas realizadas, funcionários e seus respectivos departamentos.

- **Observações:** Na loja, um cliente pode fazer compras, e cada compra pode conter diversos produtos. Os produtos vendidos são fornecidos por diversos fornecedores. As vendas são realizadas por um funcionário que pertence a somente um departamento. Os produtos vendidos são fornecidos por diversos fornecedores.

Regras para criação dos objetos do modelo de dados

1. BOAS PRÁTICAS
   - Eliminar entidades e relacionamentos redundantes.
   - Nomear todos os objetos do modelo.
   - Nunca ligar relacionamentos a outros relacionamentos.

2. ENTIDADES
   - Devem ser expressas em letras maiúsculas.
   - No diagrama, são representadas por um retângulo.
   - São expressas por substantivos.
   - Devem estar no singular.
   - Em nomes compostos, não se usam preposições, mas os substantivos devem ser separados por _ (underline).

3. ATRIBUTOS
   - Devem ser expressos em letras minúsculas.
   - No diagrama, são representados por círculos ou elipses.
   - São expressos por substantivos.
   - Não podem conter acentuação nem caracteres especiais.

4. RELACIONAMENTOS
   - No diagrama, são representados por losangos.
   - São expressos por verbos.

5. CARDINALIDADE
   - No diagrama, a cardinalidade pode ser representada por números nas linhas que juntam o relacionamento.

CRIANDO O MER

Para começar, iniciaremos pela modelagem entidade-relacionamento (MER), organizando as entidades e seus respectivos atributos da seguinte maneira:

CLIENTE (codigo, nome, endereco, cpf, telefone)
Entidade forte: CLIENTE

Atributo identificador: codigo

Atributo composto: endereco

Atributos simples: nome, cpf

Atributo multivalorado: telefone

COMPRA (codigo, quantidade_produtos)
Entidade fraca: COMPRA

Atributo identificador: codigo

Atributo derivado: quantidade_produtos

FUNCIONARIO (codigo, nome, cpf, telefone)
Entidade forte: FUNCIONARIO

Atributo identificador: codigo

Atributos simples: nome, cpf

Atributo multivalorado: telefone

DEPARTAMENTO (codigo, descricao)
Entidade forte: DEPARTAMENTO

Atributo identificador: codigo

Atributo simples: descricao

FORNECEDOR (codigo, nome, telefone)
Entidade forte: FORNECEDOR

Atributo identificador: codigo

Atributo simples: nome

Atributo multivalorado: telefone

PRODUTO (codigo, descrição, valor)
Entidade forte: PRODUTO

Atributo identificador: codigo

Atributos simples: descricao, valor

CRIANDO O DER

Na sequência, criaremos o diagrama de entidade-relacionamento (DER), seguindo as necessidades do modelo mapeado anteriormente, deixando-o da seguinte forma:

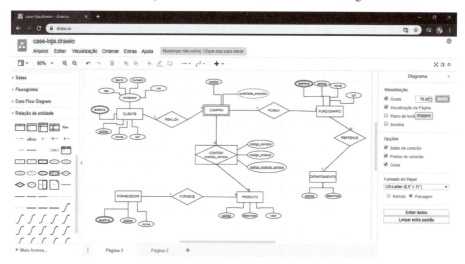

Para transformar a modelagem entidade-relacionamento em um diagrama de entidade-relacionamento, utilizaremos uma ferramenta on-line e gratuita.

1. Acesse https://www.draw.io/ e escolha a opção *Dispositivo* (Caso o site abra em inglês, basta mudar o idioma no botão *Language*, antes de clicar em *Dispositivo*). Assim, o diagrama será salvo em sua máquina (caso queira usar as demais opções, de acordo com o seu armazenamento de nuvem, fique à vontade).

2. Na próxima janela, clique em *Criar novo diagrama*. Em seguida, defina um nome para o projeto de modelagem (por exemplo, *case-loja.drawio*) e escolha a opção *Diagrama em branco*. Em seguida, clique em *Criar*.

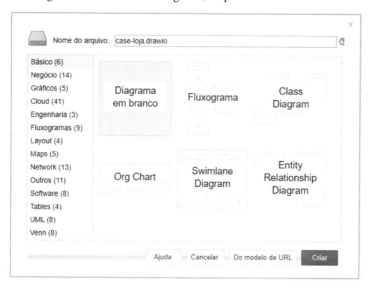

3. Será carregada a página em que construiremos o diagrama. Do lado esquerdo, há uma aba onde escolheremos os objetos que serão adicionados ao digrama. Como criaremos um diagrama de entidade-relacionamento, clique no agrupamento *Relação de entidade*. Caso esse agrupamento não esteja aparecendo, basta clicar em *+ Mais formas...*

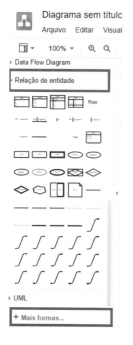

Modelo conceitual – 41

4. Iniciaremos o diagrama adicionando as entidades. Para isso, basta clicar no objeto desejado (neste caso, *Entity*).

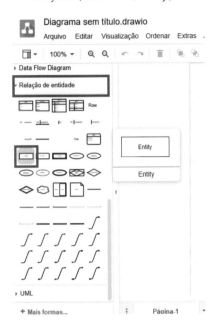

Lembre-se de que esse retângulo é usado para representar entidades fortes. Para nomear a entidade, clique duas vezes sobre o centro do retângulo e digite *CLIENTE*, uma das entidades fortes identificadas no MER.

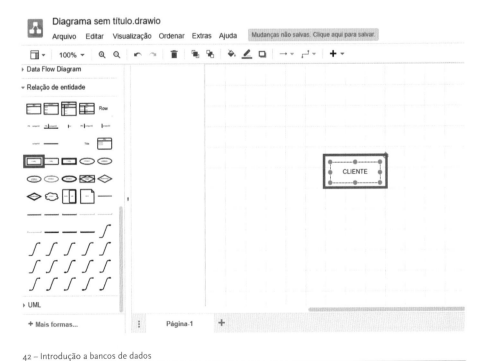

5. Em seguida, usando as opções no grupo *Relação de entidade*, adicione ao diagrama as demais entidades, da seguinte maneira: *COMPRA* (entidade fraca, pois, se não houver produtos, uma compra não poderá ser realizada); *FUNCIONÁRIO* (entidade forte); *DEPARTAMENTO* (entidade forte); *FORNECEDOR* (entidade forte); *PRODUTO* (entidade forte). Para colocá-las na posição desejada, basta clicar sobre a figura e arrastá-la.

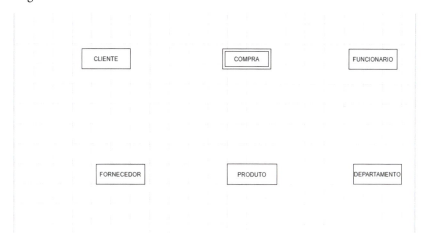

Agora, adicionaremos os atributos das respectivas entidades, lembrando que, na modelagem, já definimos os atributos das entidades. Agora, no diagrama, definiremos o tipo de cada atributo. Assim, na entidade *CLIENTE* temos:

- um atributo identificador que guardará um código único para cada cliente adicionado à tabela (*código*);
- um atributo composto (*endereço*), que possui diversas informações que compõem o endereço do cliente;
- um atributo multivalorado (*telefone*), que possibilita guardar mais de um número de telefone do cliente;
- dois atributos simples (*nome* e *cpf*).

Na entidade *COMPRA*, temos:

- um atributo identificador (*código*);
- um atributo derivado (quantidade_produtos), que somará quantos produtos foram vendidos na compra.

6. Mais uma vez, usando as elipses apropriadas no grupo *Relação de entidade*, insira esses atributos até que o diagrama fique da seguinte maneira:

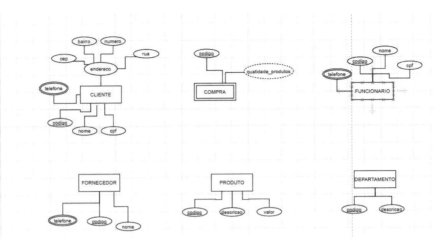

7. Agora, adicione os losangos que representam os relacionamentos, de acordo com a figura a seguir e ainda usando os recursos no grupo *Relação de entidade*.

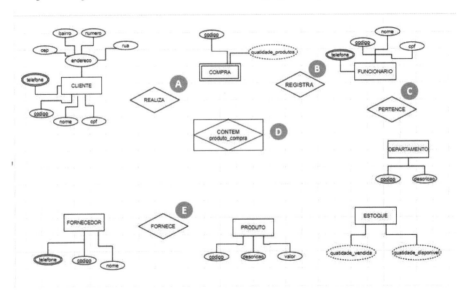

Cada losango representa o seguinte relacionamento, que deve ser expresso em uma frase simples, no formato *substantivo verbo substantivo*:

A. Representa o relacionamento entre as entidades *CLIENTE* e *COMPRA*, em que o cliente realiza a compra.

B. Representa a ligação entre as entidades *COMPRA* e *FUNCIONÁRIO*, em que o funcionário registra a compra.

C. Representa o relacionamento entre as entidades *FUNCIONÁRIO* e *DEPARTAMENTO*, sendo que o funcionário pertence a um departamento.

D. Relaciona as entidades *COMPRA* e *PRODUTO*, indicando que a compra contém produtos.

E. É responsável pelo relacionamento entre as entidades *FORNECEDOR* e *PRODUTO*, indicando que o fornecedor fornece o produto.

Agora, podemos adicionar as linhas que representarão a cardinalidade dos relacionamentos, mais uma vez usando os recursos no grupo *Relação de entidade*.

8. No primeiro relacionamento, conforme a imagem a seguir, a cardinalidade (1:N) indica que um cliente pode realizar várias compras.

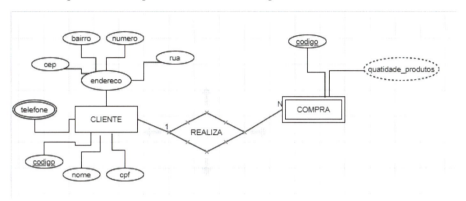

9. A seguir, temos um relacionamento (N:N), indicando que várias compras podem conter vários produtos. Neste caso, é necessário usar uma entidade associativa (*CONTEM*).

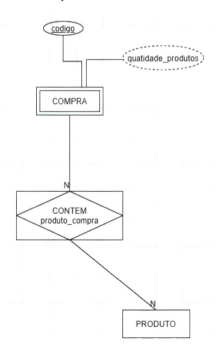

Modelo conceitual – 45

10. Em seguida, complete o diagrama de entidade-relacionamento com todas as linhas de cardinalidade, conforme o modelo a seguir.

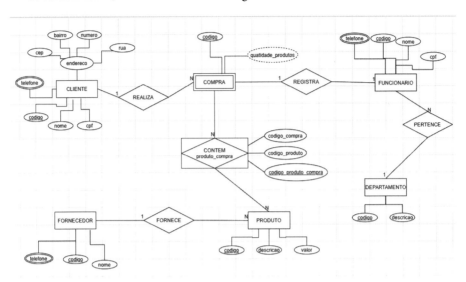

3

Modelo lógico

OBJETIVOS

» Entender o que é a modelagem lógica de banco de dados e sua importância

» Entender o que é a normalização de bancos de dados

» Desenvolver um modelo lógico

Importância da modelagem lógica

A modelagem lógica trata da definição da estrutura do banco de dados onde serão armazenados os dados, descrevendo detalhadamente suas tabelas, campos e relacionamentos. O modelo lógico de banco de dados tem muita importância como documentação técnica independente do SGBD, além de oferecer outras vantagens, tais como:

- Facilita a apresentação da arquitetura do banco de dados para novos membros no time de desenvolvimento.

- Ajuda no entendimento da estrutura técnica, até mesmo auxiliando no desenvolvimento da arquitetura da aplicação que será integrada ao banco de dados modelado.

- Com base no modelo lógico, é possível analisar e tomar decisões que beneficiam a performance do banco de dados. Por exemplo, uma análise detalhada de uma entidade pode levar a alteração das chaves estrangeiras ou primárias, permitindo melhorar a performance do banco que será construído.

Essa modelagem define como será a implementação no SGBD. É geralmente criada pelo arquiteto de banco de dados ou pelo analista de sistemas e negócios, com o objetivo de mapear tecnicamente a estrutura e a lógica do banco de dados.

Durante a modelagem lógica, novos conceitos surgem para complementar a estrutura previamente definida na modelagem conceitual. Para isso, é preciso entender os conceitos de relacionamento e de domínio.

IDENTIFICADORES DE ATRIBUTOS NA MODELAGEM LÓGICA

- **Chave primária**: No modelo de banco de dados relacional, cada entidade é identificada exclusivamente por meio de uma chave primária, também chamada de PK (Primary Key, em inglês), que consiste em um ou mais atributos que possuem valores usados para identificar e distinguir exclusivamente cada registro inserido na entidade. Por exemplo, a cada cliente criado na entidade *CLIENTE*, será gerado um número único no atributo identificador *codigo*.

- **Chave estrangeira**: O relacionamento é responsável por associar duas entidades entre si, sendo representado por verbos ou frases verbais e podendo relacionar as entidades em ambas as direções. No relacionamento simples, entre duas entidades de cardinalidade 1:1 ou 1:N, uma é a entidade pai e a outra é a entidade filha. Assim, a entidade pai passa para a entidade filha sua identidade. Entendemos por atributo identificador a chave primária da entidade, de forma que a entidade filha herda a chave primária da entidade pai. Esse atributo compartilhado da entidade pai para a filha tem o nome de chave estrangeira e possui o sufixo ou sigla de identificação FK (Foreign Key, em inglês).

- **Tabela auxiliar para relacionamentos com cardinalidade muitos para muitos**: Um relacionamento muitos para muitos requer que seja criada uma terceira tabela, que na modelagem funcional é representada por uma entidade associativa. Essa terceira tabela possuirá dois atributos principais, cada um classificado como chave estrangeira, e os dois atributos FK juntos formarão a chave primária PK da tabela auxiliar.

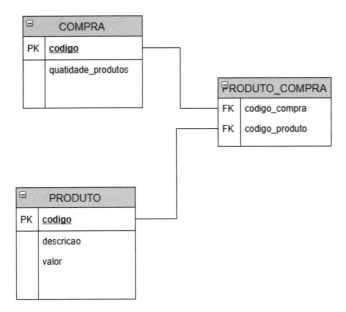

- **Chave primária composta**: Cada entidade não pode possuir mais de uma chave primária. Contudo, uma chave primária pode ser composta por mais de um atributo, como vimos na tabela auxiliar da imagem anterior. Sendo assim, a tabela auxiliar é composta por uma PK com dois atributos, mas uma entidade não pode ter duas PKs.

Normalização de bancos de dados

Em 1970, Edgar F. Codd apresentou o conceito de normalização, que visa analisar e melhorar a estrutura de um banco de dados por meio de um processo lógico para realizar a divisão de uma tabela complexa em uma ou mais tabelas simples, construído em torno do conceito de formas normais.

O processo de normalização costuma ser aplicado para os seguintes propósitos:

- Melhorar a consistência, eliminando dados redundantes ou replicados.
- Estruturar um modelo de dados mais claro e legível.
- Simplificar e flexibilizar os relacionamentos, para que, em necessidades futuras, não haja a necessidade de reestruturar todo o banco de dados.
- Diminuir a quantidade de anomalias de atualização. Por exemplo, para que a compra de código 2 seja afetada quando a compra de código 1 for deletada; ou para que a compra de código 1 tenha seu registro duplicado ou triplicado por conta da quantidade de produtos.

O conceito apresentado por Codd possui três formas normais que são adotadas pela maioria dos bancos de dados, chamadas de primeira, segunda e terceira forma normal (abreviadas como 1NF, 2NF e 3NF, respectivamente).

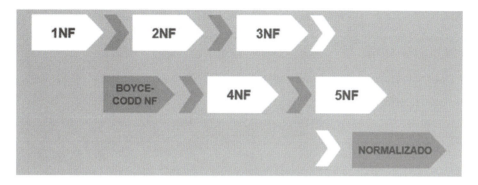

A normalização é progressiva, ou seja, para que seja aplicada a terceira forma normal, uma tabela deve atender às regras da segunda forma normal, e a segunda forma normal deve atender às regras da primeira forma normal. Assim sendo, vamos entender as regras de cada forma normal:

- **Primeira forma normal (1NF)**: As informações são armazenadas em uma tabela na qual cada coluna contém valores atômicos (valores que não podem ser divididos) e não há grupos repetidos de colunas.
- **Segunda forma normal (2NF)**: A tabela atende à regra da primeira forma normal e todas as colunas dependem da chave primária da tabela.
- **Terceira forma normal (3NF)**: A tabela está na segunda forma normal e nenhuma das suas colunas depende transitivamente da chave primária.

Entenderemos melhor a normalização com a ajuda do nosso estudo de caso, cujo modelo funcional será alterado, somente para este exemplo, a fim de chegar ao modelo que construímos no capítulo passado, já normalizado.

Suponha que a entidade *COMPRA* mantenha todas as informações na tabela, sem nenhuma normalização, como mostrado a seguir.

quantidade_produtos	produtos	valor_produto	cliente	telefone_cliente
2	livro mineração de dados, cartão postal SP	87, 4	Patrick Lisbon	(11) 9 9999-9999
2	livro mineração de dados, cartão postal SP	87, 4	Patrick Lisbon	(11) 9 9999-8888
3	caneta esferográfica, pasta organizadora de documentos, mouse sem fio	15, 28, 52	Teresa Ayres	(11) 3232-8888
1	licença Microsoft Office	359	Patrick Lisbon	(11) 9 9999-9999
1	licença Microsoft Office	359	Patrick Lisbon	(11) 9 9999-8888

APLICANDO A PRIMEIRA FORMA NORMAL (1NF)

Na tabela anterior, cada célula da coluna *produtos* possuía vários valores separados por vírgulas. Para deixar essa tabela na primeira forma normal, é preciso que:

- cada célula da tabela contenha um único valor;
- cada registro seja exclusivo.

quantidade_produtos	produtos	valor_produto	cliente	telefone_cliente
2	livro mineração de dados	87	Patrick Lisbon	(11) 9 9999-9999
2	livro mineração de dados	87	Patrick Lisbon	(11) 9 9999-8888
2	cartão postal SP	4	Patrick Lisbon	(11) 9 9999-9999
2	cartão postal SP	4	Patrick Lisbon	(11) 9 9999-8888
3	caneta esferográfica	15	Teresa Ayres	(11) 3232-8888
3	pasta orga- nizadora de documentos	28	Teresa Ayres	(11) 3232-8888
3	mouse sem fio	52	Teresa Ayres	(11) 3232-8888
1	licença Microsoft Office	359	Patrick Lisbon	(11) 9 9999-9999
1	licença Microsoft Office	359	Patrick Lisbon	(11) 9 9999-8888

APLICANDO A SEGUNDA FORMA NORMAL (2NF)

Nesta etapa, desmembramos informações duplicadas, também conhecidas como duplas espúrias, em outras tabelas. Dessa forma, os dados tornam-se consistentes, legíveis e de fácil manutenção. Para normalizar a tabela de acordo com a segunda forma normal, é preciso que:

- a tabela já esteja na primeira forma normal (1NF);
- a chave primária de coluna seja única.

Assim, os dados sobre os produtos que compõem uma compra foram unificados em uma única tabela e serão associados a uma compra através de uma tabela auxiliar.

codigo_produto	descricao	valor_produto
1	livro mineração de dados	87
2	cartão postal SP	4
3	caneta esferográfica	15

(cont.)

codigo_produto	descricao	valor_produto
4	pasta organizadora de documentos	28
5	mouse sem fio	52
6	licença Microsoft Office	359

A tabela a seguir é uma tabela auxiliar/associativa, que associa produtos e compras.

codigo_produto	codigo_compra
1	1
2	1
3	2
4	2
5	2
6	3

A tabela a seguir mostra como fica a tabela de compra na segunda forma normal.

codigo_compra	cliente	quantidade_produtos	telefone_cliente
1	Patrick Lisbon	2	(11) 9 9999-9999
2	Teresa Ayres	3	(11) 3232-8888
3	Patrick Lisbon	1	(11) 9 9999-8888

APLICANDO A TERCEIRA FORMA NORMAL (3NF)

Mesmo após aplicar a primeira e a segunda formas normais às tabelas, podemos notar que na tabela anterior as informações sobre o telefone do cliente continuam inconsistentes. Isso acontece porque nem todas as colunas dependem somente da chave primária da tabela de compra, ou seja, o cliente deve ser associado à compra, porém o cliente não faz parte da entidade compra. Portanto, para aplicar a terceira forma normal na tabela, é preciso que:

- a tabela esteja na segunda forma normal (2NF);
- todas as colunas dependam somente da chave primária da tabela, sem que haja dependência com outras colunas além da chave primária.

Faremos isso retirando o cliente da tabela de compras e criando uma tabela própria de clientes, em que cada coluna dependerá da chave primária do cliente, conforme o exemplo a seguir.

Modelo lógico – 53

codigo_cliente	nome_cliente
1	Patrick Lisbon
2	Teresa Ayres

Em seguida, ela será associada à tabela de compra, conforme o exemplo a seguir.

codigo_compra	quantidade_produtos	codigo_cliente
1	2	1
2	3	2
3	1	1

FORMA NORMAL DE BOYCE-CODD

Mesmo quando um banco de dados está na terceira forma normal, ainda pode haver anomalias, se as entidades possuírem mais de uma chave candidata. Uma chave candidata é uma coluna (ou mais de uma) responsável por identificar exclusivamente cada registro da tabela. Podem ser definidas uma ou mais chaves candidatas para cada tabela, que durante a modelagem física serão conhecidas como chaves primárias. Ou seja, as chaves candidatas nada mais são do que as possíveis chaves primárias da tabela. Para resolver as anomalias, mesmo que na terceira forma normal, Boyce-Codd amplia para cinco as formas de normalização de banco de dados. Além das três primeiras, já vistas, temos também as seguintes:

- **Quarta forma normal (4NF)**: Para aplicar a quarta forma normal, a tabela já deve estar na terceira forma normal 3NF, e nenhuma instância da tabela pode conter dados independentes e com valores múltiplos, que descrevam a entidade relevante. Ou seja, os atributos multivalorados e os atributos que não façam parte diretamente da entidade devem ser desmembrados em outras tabelas e associados à entidade através de uma chave estrangeira.

No nosso exemplo, o atributo *telefone* da entidade *CLIENTE* é um atributo multivalorado e deve ser implementado em uma nova tabela, a fim de atender a quarta forma normal. A tabela a seguir refere-se aos números de telefone do cliente na quarta forma normal (4FN).

codigo	codigo_cliente	telefone_cliente
1	1	(11) 9 9999-9999
2	1	(11) 9 9999-8888
3	2	(11) 3232-8888

- **Quinta forma normal (5NF)**: Uma tabela está na quinta forma normal (5NF) apenas se já estiver na 4NF e não puder ser decomposta em tabelas menores sem perda de dados.

A normalização ajuda a produzir um sistema de banco de dados legível e de fácil manutenção, além de diminuir a redundância e dar mais consistência aos dados. Contudo, a normalização deve ser analisada e feita com cautela, levando em consideração a infraestrutura e a performance do banco de dados.

A cada entidade normalizada, são geradas novas tabelas e, com isso, mais relacionamentos nas consultas ao banco de dados, o que pode acarretar lentidão ou baixa performance. Por isso, é importante que a normalização seja cuidadosamente analisada. Em casos nos quais a normalização afeta a performance, uma medida de desnormalização deve ser tomada.

Tendo como exemplo o atributo multivalorado *telefone_cliente*, em um escopo no qual há baixa infraestrutura e necessidade de se melhorar a performance, a tabela de telefone poderia não existir, sendo substituída por dois atributos: *telefone1* e *telefone2*. Dessa forma, a aplicação integrada ao banco de dados deve restringir a inserção de apenas dois telefones por cliente, consequentemente diminuindo um relacionamento.

Implementando um modelo lógico de banco de dados

Após termos modelado o diagrama de entidade-relacionamento do estudo de caso da aplicação de vendas, construiremos agora o modelo lógico, que ficará da seguinte forma:

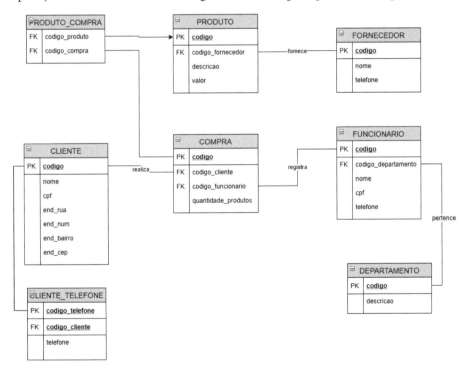

Tendo feito a modelagem funcional das necessidades do cliente (também chamadas de requisito), apresentadas no estudo de caso deste livro, temos no diagrama as entidades e seus respectivos atributos e relacionamentos. Então, basicamente devemos criar a estrutura de tabelas, de acordo com o diagrama. Contudo, devemos levar em conta que alguns relacionamentos ou a aplicação de normalização podem gerar novas tabelas.

1. Acesse a ferramenta https://draw.io e escolha a opção *Criar novo diagrama*.

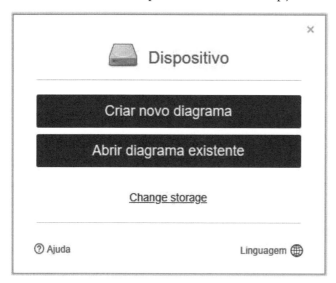

2. Nomeie o projeto como *modelagem-logica.drawio*, escolha a opção *Diagrama em branco* e então clique em *Criar*.

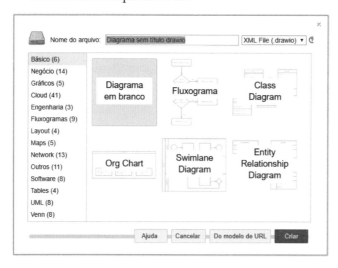

Os objetos que serão adicionados a essa modelagem estão na mesma categoria utilizada na modelagem funcional: *Relação de entidade*.

3. Clique no objeto *ER Table* para adicioná-lo no centro do diagrama.

4. Tendo o objeto na tela, podemos editá-lo de acordo com as entidades e atributos definidos no modelo conceitual.

Após adicionar os atributos, é hora de identificar as chaves candidatas e classificá-las como primárias ou estrangeiras. Uma chave candidata é uma coluna ou um conjunto de colunas em uma tabela que pode identificar exclusivamente qualquer registro do banco de dados sem se referir a outros dados. Cada tabela pode ter uma ou mais chaves candidatas.

Tomando como exemplo a entidade *FUNCIONARIO*, temos duas chaves candidatas já classificadas como primária e estrangeira. Porém, vamos entendê-las de acordo com o conceito de chave candidata, porque os seguintes atributos são candidatos:

- *Atributo* **codigo** [*entidade* **FUNCIONARIO**]: Por ser capaz de identificar exclusivamente um registro de funcionário, é classificado como uma chave candidata, pois o tipo do atributo é identificador. Dessa forma, sendo um atributo unicamente identificador dos registros da entidade, classifica-se como chave primária.

- *Atributo* **codigo_departamento** [*entidade* **FUNCIONARIO**]: Trata-se de uma chave candidata, pois, assim como o atributo *codigo*, é capaz de identificar exclusivamente um registro. Porém, neste caso, constitui um registro de outra tabela, já que esse atributo identificará a qual departamento o funcionário pertence. Por se tratar de um relacionamento entre as entidades, a chave candidata é classificada como chave estrangeira.

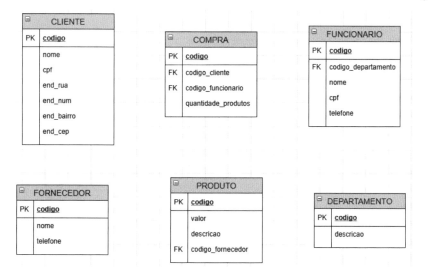

Modelo lógico – 57

5. Agora, precisamos identificar os atributos multivalorados e as cardinalidades M:N (muitos para muitos), para que possamos mapear as tabelas associativas e as tabelas de relacionamento multivalorado. No nosso estudo de caso, sabemos que as entidades *PRODUTO* e *COMPRA* possuem um relacionamento M:N, e que o cliente possui o atributo multivalorado *telefone*. Assim sendo, precisamos adicionar as tabelas para essas entidades.

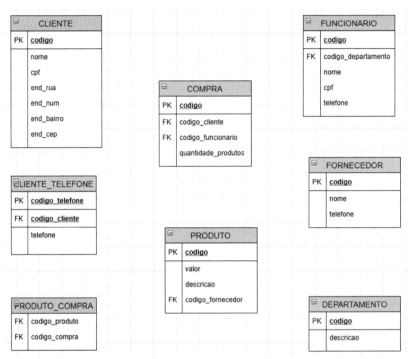

6. Com as entidades mapeadas nas tabelas, basta criar os relacionamentos entre as tabelas. Para realizar a ligação entre uma chave estrangeira e uma chave primária, ou vice-versa, é possível utilizar o atalho de relacionamento, conforme mostrado a seguir. Lembrando que as chaves classificadas como estrangeiras devem se relacionar com as chaves primárias da entidade com a qual se relacionam.

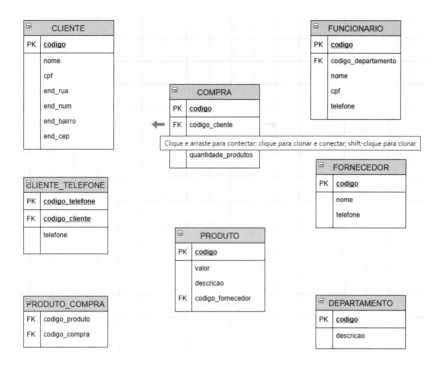

Após adicionar os relacionamentos, o diagrama do modelo lógico deve estar semelhante ao seguinte:

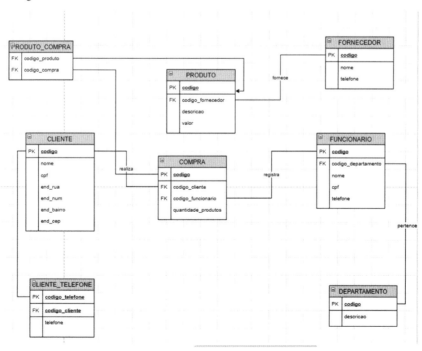

Modelo lógico – 59

Anotações

4

Modelo físico

OBJETIVOS

» Entender conceitos de tipo de dados

» Realizar a construção do banco de dados

» Aprender a manusear a estrutura e os dados de um banco de dados

Implementando o banco de dados

Um modelo de dados físico descreve a implementação específica do banco de dados, com base no modelo lógico. Ele oferece uma abstração do banco de dados e ajuda a gerar um esquema com detalhes mais ricos, tais como o tipo dos atributos e os nomes das tabelas e dos campos das tabelas.

TIPOS DE DADOS

Para criarmos o modelo físico do nosso banco de dados, precisamos entender os tipos de dados. Cada atributo de uma entidade é responsável por guardar uma informação de um determinado registro, que pode ser uma data, um valor, uma observação, um código, etc. Por isso, no diagrama anterior, cada atributo tem um tipo de dado, ou seja, uma indicação do tipo de informação que será registrada. Os tipos de dados mais comuns são os seguintes:

Tipos numéricos

- **Int**: Abrange o armazenamento de números inteiros. É comumente utilizado no campo de código das entidades, por se tratar de códigos únicos que identificam o registro da entidade.

- **Decimal** ou **Numeric**: Representa o armazenamento de números decimais, com precisão fixa, especificada através da notação *decimal(p, e)*, em que *p* representa a precisão, enquanto *e* representa a escala. Por exemplo, *decimal(3, 2)* abrange os números com 3 dígitos antes da vírgula e 2 dígitos após a vírgula.

- **Float** ou **Double**: São utilizados para valores numéricos. Porém, a notação dos valores é diferente, pois são armazenados dados com até 17 dígitos no total. As notações para utilização desses tipos são *float(t, d)* e *double(t, d)*, em que *t* representa a quantidade total de dígitos e *d* representa a quantidade de casas decimais.

Tipos de data e hora

- **Date**: Armazena informações de data, tais como ano, mês e dia.

- **Time**: Armazena informações de horário, tais como hora, minuto e segundo.

- **Datetime**: Armazena uma combinação de data e hora, no formato *YYYY-MM-DD hh:mm:ss*.

Tipos com caracteres

- **Char**: Armazena uma quantidade fixa de caracteres diversos, tais como letras, números e caracteres especiais, limitada a até 255 caracteres. A notação é *char(n)*, sendo *n* a quantidade de caracteres.

- **Varchar**: Assim como *Char*, este tipo de dado também armazena uma quantidade fixa de caracteres diversos, tais como letras, números e caracteres especiais, limitada a até 65.535 caracteres. A notação é *varchar(n)*, sendo *n* a quantidade de caracteres.

1. Agora que você já conhece os tipos de dados, crie um novo diagrama no draw.io e implemente o modelo físico do nosso banco de dados, com base nas informações do modelo lógico do capítulo anterior. Seu diagrama deve ficar semelhante ao seguinte:

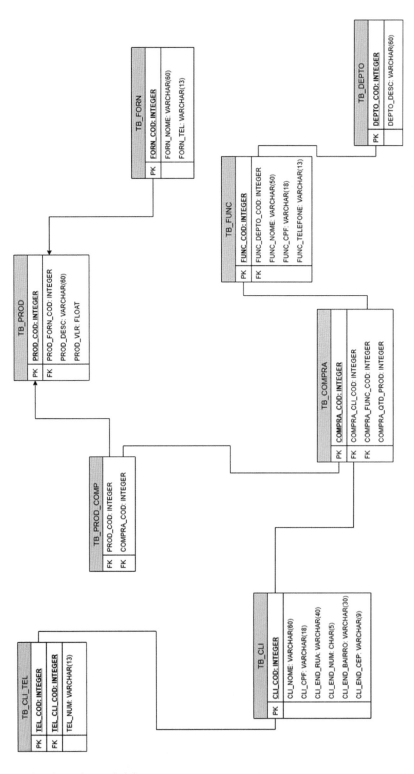

Implementação do SGBD

Agora que já criamos o modelo físico, é preciso que o SGBD seja definido, para que a implementação do banco de dados seja feita através da linguagem de consulta estruturada, conhecida também como SQL (do inglês, Structured Query Language). O SGBD utilizado para a implementação do nosso estudo de caso será o MySQL. Assim, é necessário que o MySQL já esteja devidamente instalado em seu computador, conforme as instruções na Apresentação do livro.

O MySQL é um sistema gerenciador de banco de dados relacional. É um dos SGBDs mais populares no mercado, pois é rápido, confiável e flexível. Foi criado em 1995 por Michael Widenius. É um software de código aberto mantido pela Oracle, ou seja, é gratuito e, além disso, se desejar, você pode alterar o código fonte para atender às suas necessidades. Pode ser executado em várias plataformas, tais como UNIX, Linux e Windows, tanto em um servidor quanto em um desktop, e, quando combinado à infraestrutura, suporta grande aplicações. Para aplicações de grande porte, é possível comprar a versão de licença comercial para obter serviços premium. Além disso, o MySQL é confiável, escalável e rápido.

Criando um novo banco de dados no modo interativo

O MySQL permite que o banco de dados seja criado e manuseado de duas formas:

- **Interativa**: Feita através do MySQL Workbench, que faz parte da instalação realizada inicialmente. Essa ferramenta oferece diversas funcionalidades, desde a modelagem do banco de dados até sua criação e manutenção.

- **Não interativa**: Aqui, o banco de dados deve ser acessado via linha de comando do próprio MySQL. Trata-se de uma instância do banco de dados instalado na máquina que costuma ser encontrada na pasta *bin* da instalação ou no menu iniciar.

Agora, veremos como encontrar e utilizar cada forma, para que então possamos dar continuidade à implementação do estudo de caso.

Acessando o MySQL através da linha de comando

1. Na barra de pesquisa do Windows, digite *mysql*. Entre os resultados, aparecerá a opção *MySQL x.x Command Line Client*, onde *xx* indica a versão do software instalado. Clique nessa opção.

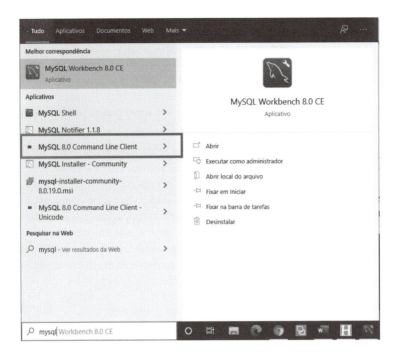

2. Será inicializado o prompt de comando do MySQL, onde inicialmente será solicitada a senha que foi adicionada para o usuário *root* durante a instalação do MySQL.

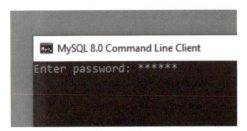

3. Após informar a senha, pressione *Enter* e o prompt estará pronto para receber os comandos para criar, consultar e alterar bancos de dados e seus respectivos dados.

Apesar da possibilidade de usar o prompt de comando, para a criação do banco de dados deste livro utilizaremos a forma interativa do MySQL, como veremos a seguir. Portanto, pode fechar o prompt de comando do MySQL.

Acessando o MySQL pelo modo interativo

Abaixo veremos como acessar o MySQL de forma interativa e criarmos o banco de dados para dar início a implementação do estudo de caso.

1. Na barra de pesquisa do Windows, digite *mysql* e escolha a opção *MySQL Workbench x.x CE*.

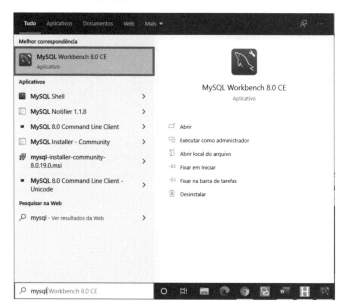

2. Será aberto o programa com a interface a seguir. Clique em *Local instance MySQL80*, no canto inferior esquerdo.

Modelo físico – 67

3. Na janela que se abre, informe a senha do usuário *root* e clique em *OK*. Para armazená-la, basta marcar a opção *Save password in vault*. É muito importante que você guarde essa senha, tanto para garantir a segurança do banco de dados, quanto para poder acessá-lo posteriormente.

Em seguida, será apresentada a interface do MySQL Workbench.

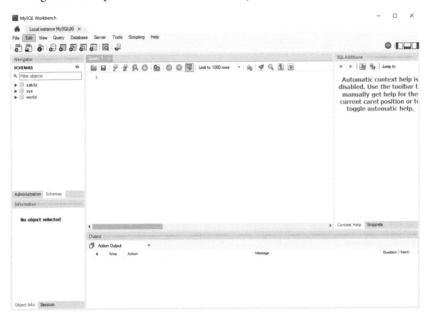

4. Para criar a base de dados, clique na opção *Create a new schema in the connected server*, no canto superior esquerdo.

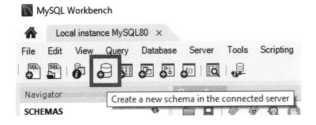

5. Será necessário informar o nome do projeto de banco de dados. Digite *bd_caso_estudo_vendas* e clique no botão *Apply*.

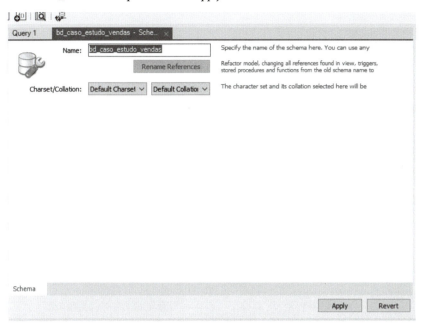

6. Será aberta a janela a seguir, pedindo para confirmar se o script está correto. Clique novamente em *Apply*.

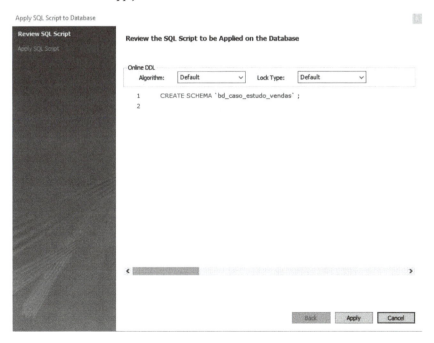

7. Na janela seguinte, clique em *Finish*.

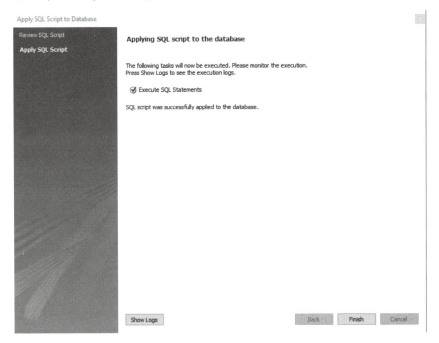

8. O banco de dados será criado e ficará disponível na aba *SCHEMAS*, à esquerda.

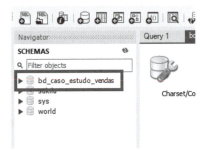

Criação das tabelas com o SGBD interativo

1. Para criar as tabelas, clique com o botão direito do mouse sobre o objeto *Table*, na aba à esquerda, logo abaixo do nome do banco de dados. Entre as opções apresentadas, clique em *Create Table*.

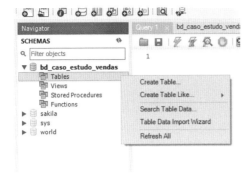

2. Será aberta a janela abaixo, na qual poderemos preencher as informações de cada tabela e seus campos, de acordo com o modelo físico implementado no capítulo anterior.

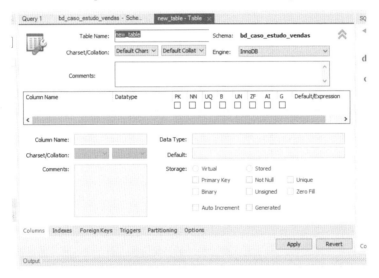

3. Vamos começar criando a tabela *tb_forn*, com as características definidas anteriormente, no início deste capítulo.

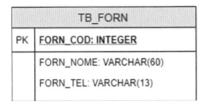

4. Em *Table Name*, digite *tb_forn*. Abaixo de *Column Name*, digite *forn_cod*, defina o *Datatype* como *INT* e marque as opções *PK* e *NN*, caso já não estejam automaticamente marcadas. Na linha de baixo, digite *forn_nome* e defina o *Datatype* como *VARCHAR (60)*. Por fim, na terceira linha, digite *forn_tel* e defina o *Datatype* como *VARCHAR (13)*. Em seguida, clique em *Apply*.

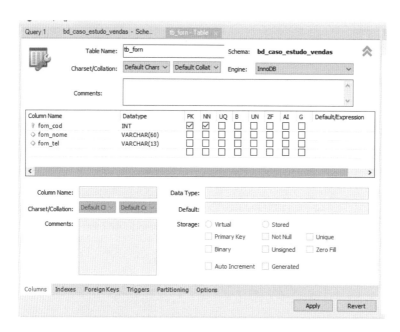

Será aberta a janela *Apply SQL Script to Database*, que mostra o código SQL, também chamado de script, para a geração da tabela. Se estivesse usando o MySQL pelo prompt de comando, esse seria o código que deveria ser digitado para criar a tabela.

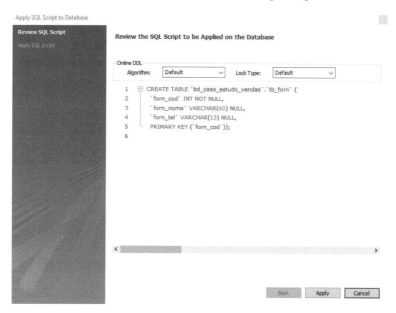

Podemos notar que a opção *NN* do campo *forn_cod* (no modo interativo) aparece no script de criação como o comando *NOT NULL*. Esse comando torna obrigatório o preenchimento deste campo. Assim, caso o código do fornecedor fique em branco, o dado não será armazenado na tabela, pois se trata do campo de chave primária da coluna. Se este campo não fosse preenchido, o dado não seria identificado; por isso, seu preenchimento é obrigatório.

5. Novamente, clique em *Apply* e o programa executará o script. Na janela seguinte, clique em *Finish*.

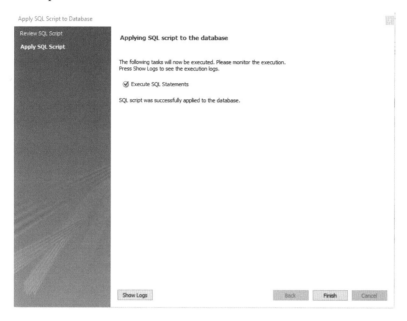

É interessante notar que o banco de dados possui uma estrutura de agrupamento de objetos. Sendo assim, a tabela *tb_forn* foi criada automaticamente dentro do agrupamento *Tables* do banco de dados *bd_caso_estudo_vendas*.

6. Ainda pelo modo interativo, podemos realizar alterações na tabela ou nos campos, ou até mesmo excluí-los. Por exemplo, para adicionar um novo campo à tabela *forn_obs*, para observações, clique com o botão direito do mouse sobre o nome da tabela, na aba *SCHEMAS*, à esquerda. No menu que se abre, clique na opção *Alter Table*.

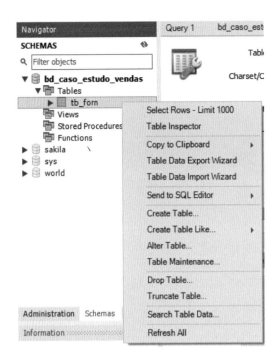

7. Será aberta a mesma tela em que você criou a tabela anteriormente. Clique na linha abaixo de *forn_tel*, digite *forn_obs* e defina o *Datatype* como *VARCHAR (200)*. Em seguida, clique em *Apply*.

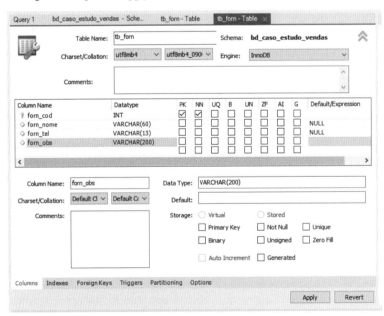

74 – Introdução a bancos de dados

8. Assim como ocorreu quando a tabela foi criada, o SGBD apresenta o código em linguagem SQL gerado para executar essa ação. Clique em *Apply* e, na janela seguinte, em *Finish*.

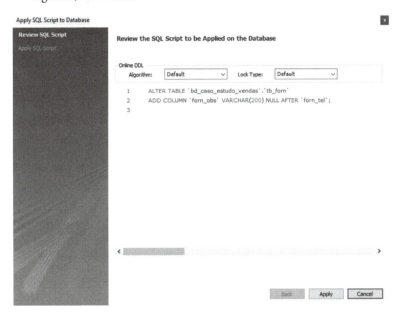

Criação do banco de dados através de scripts SQL

Agora que você já entendeu como criar as tabelas pelo modo interativo, podemos nos aprofundar um pouco mais nos scripts e praticar a implementação completa do estudo de caso por meio dos scripts em linguagem SQL. Tendo em vista que o SGBD gera o código automaticamente quando é utilizado no modo interativo, você pode pensar que seria útil copiar esse código para compor o script de criação do banco de dados. Porém, para que o conhecimento seja praticado, vamos fazer o script manualmente, passo a passo.

O principal motivo para se criar o banco de dados através de scripts em vez do modo interativo é que ele pode ser compartilhado com outros usuários ou membros do time técnico. Em um cenário no qual uma equipe esteja trabalhando no banco de dados e na integração do banco de dados com o sistema, outras pessoas precisarão criar o banco de dados modelado em seus computadores e SGBDs. Para que não precisem gerá-lo através do modo interativo, criaremos um script que automatizará o processo ao ser compartilhado e executado em diversas máquinas.

1. Antes de criarmos os scripts, clique com o botão direito do mouse sobre o *bd_caso_estudo_vendas* e, nas opções que aparecerem, clique em *Drop Schema*. Na janela que se abre, clique em *Drop Now*. Pronto! Agora poderemos criar tudo do zero por meio de scripts.

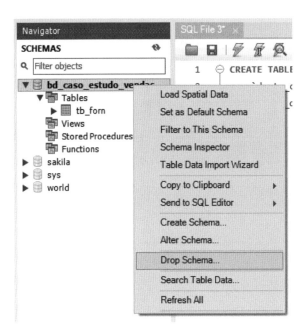

2. Para criarmos o script, o primeiro passo é abrir o editor SQL, ao clicar no ícone *Create a new SQL tab for executing queries*, destacado na imagem a seguir.

Em seguida, será aberto o editor, onde inseriremos os comandos SQL para a criação do script.

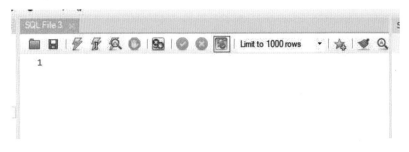

3. Para entender como o editor funciona, digite o código abaixo e clique no botão destacado para que o SGBD execute o comando. Com isso, vamos criar o banco de dados novamente.

4. Após a execução do comando, o banco de dados deve ser listado automaticamente em *Schemas*. Caso isso não aconteça, basta clicar no ícone indicado pela letra *A* na imagem a seguir, que serve para atualizar a estrutura do banco de dados. Então, o banco de dados aparecerá, conforme mostra o item *B*. Próximo ao rodapé do SGBD, fica a saída de logs, onde é apresentado o status da execução do comando, conforme destacado no item *C*. Em caso de falha, nessa região será apresentado o erro ocorrido.

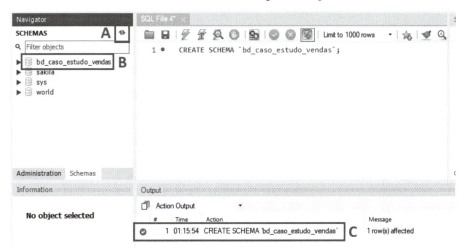

Organizando os scripts

É recomendado que os scripts sejam organizados e salvos, para que o banco de dados possa ser facilmente implementado posteriormente. Assim sendo, criaremos uma pasta de trabalho para salvar em arquivos diferentes cada script responsável pela implementação do banco de dados.

Para ajudar na organização, o nome do arquivo desses scripts deverá começar com uma numeração crescente, de acordo com a ordem de execução de cada script, conforme veremos nas páginas a seguir. Por exemplo, o primeiro script será o que cria o banco de dados, como visto na atividade anterior, devendo ser nomeado como *01-criacao-banco-de-dados.sql*. Nas atividades seguintes, aprenderemos a criar as tabelas do banco de dados, então o próximo script será nomeado como *02-tabelas-banco-de-dados.sql* e assim por diante. Para salvar o script de criação do banco de dados, siga estes passos:

5. Tendo finalizado o trabalho no editor de código, clique em *File* e escolha a opção *Save Script As*.

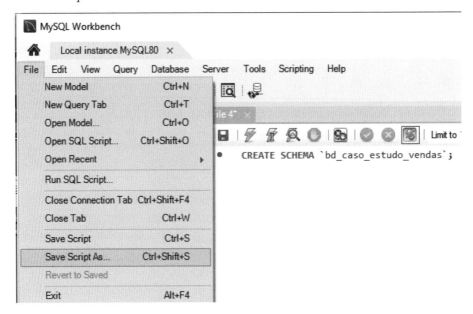

6. Na janela que se abre, crie uma pasta, no local de sua preferência, para salvar os scripts. Em seguida, defina um nome para o arquivo – neste caso, *01-criacao-banco--de-dados* – e mantenha o tipo de arquivo como *SQL Files (*.sql)*.

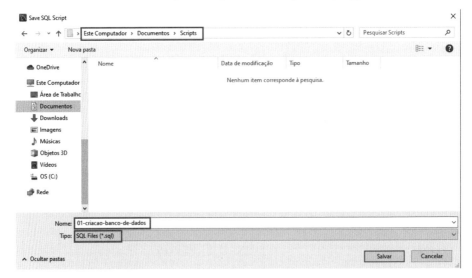

7. Para finalizar, clique em salvar, e o código digitado para criar o banco de dados estará salvo.

Esse código utiliza uma linguagem de consulta estruturada para realizar alterações nos bancos de dados, também chamada de Structured Query Language (SQL). Essa linguagem pode ser dividida em agrupamentos de comandos que permitem criar ou alterar a estrutura do banco de dados, ou ainda inserir, alterar, deletar e recuperar dados do próprio banco de dados. Esses agrupamentos se chamam DDL, DML e DCL (respectivamente, Data Definition Language, Data Manipulation Language e Data Control Language), que serão explicados agora.

DDL SQL (Criação e alteração da estrutura)

DDL é a sigla de Data Definition Language (em português, linguagem de definição de dados) e designa os comandos utilizados para criar e modificar a estrutura do banco de dados ou de seus objetos, tais como tabelas e chaves. Confira a seguir os principais comandos desse grupo.

Comando **CREATE**

Este comando é utilizado para criar desde o banco de dados até os objetos que compõem sua estrutura, como tabelas, procedures, campos, etc.

```
CREATE TABLE `nome_do_banco_de_dados`.`tb_nome_tabela`(
    `campo1` INT NOT NULL PRIMARY KEY,
    `campo2` VARCHAR(40)
);
```

Comando **DROP**

Deleta objetos da estrutura do banco de dados.

```
DROP TABLE `nome_do_banco_de_dados`.`tb_nome_tabela`;
```

Comando **ALTER**

Altera campos, chaves, tipos, etc. de itens existentes no banco de dados. Para adicionar um novo campo, a sintaxe é a seguinte:

```
ALTER TABLE `nome_do_banco_de_dados`.`tb_nome_tabela`
    ADD COLUMN `novo_campo` VARCHAR(45);
```

Para adicionar um índice, a sintaxe é a seguinte:

```
ALTER TABLE `nome_do_banco_de_dados`.`tb_nome_tabela`
    ADD INDEX `fk_tabela1_tabela2_idx` (`chave_estrangeira` ASC);
```

Para adicionar chaves estrangeiras, a sintaxe é a seguinte:

```
ALTER TABLE `nome_do_banco_de_dados`.`tb_nome_tabela1`
ADD CONSTRAINT `fk_tabela1_tabela2`
  FOREIGN KEY (`campo_chave_estrangeira_tabela1`)
  REFERENCES `nome_do_banco_de_dados`.`tb_nome_tabela2` (`campo_chave_primaria_tabela2`)
  ON DELETE NO ACTION
  ON UPDATE NO ACTION;
```

Comando **TRUNCATE**

Remove todos os dados e o espaço alocado em uma tabela.

```
TRUNCATE `nome_do_banco_de_dados`.`tb_nome_tabela`;
```

Comando **RENAME**

Renomeia um objeto existente no banco de dados.

```
ALTER TABLE `nome_do_banco_de_dados`.`tb_nome_tabela1`
    RENAME TO  `nome_do_banco_de_dados`.`tb_novo_nome_tabela`;
```

CRIAÇÃO DAS TABELAS POR MEIO DE UM SCRIPT

Tendo entendido como usar os comandos DDL, agora podemos implementar um script que cria todas as tabelas do banco de dados.

1. No editor de scripts, clique no botão *Create a new SQL tab for executing queries* para abrir uma nova aba. Em seguida, use o comando *Create* para escrever o script que vai criar todas as tabelas descritas no modelo físico definido no início deste capítulo. No final, seu script deve estar semelhante ao seguinte:

```sql
 1 •  CREATE TABLE `bd_caso_estudo_vendas`.`tb_forn`(
 2        `forn_cod` INT NOT NULL PRIMARY KEY,
 3        `forn_nome` VARCHAR(60) NULL,
 4        `forn_tel` VARCHAR(13) NULL
 5    );
 6
 7 •  CREATE TABLE `bd_caso_estudo_vendas`.`tb_depto`(
 8        `depto_cod` INT NOT NULL PRIMARY KEY,
 9        `depto_desc` VARCHAR(60) NULL
10    );
11
12 •  CREATE TABLE `bd_caso_estudo_vendas`.`tb_func`(
13        `func_cod` INT NOT NULL PRIMARY KEY,
14        `func_depto` INT NOT NULL,
15        `func_nome` VARCHAR(50) NOT NULL,
16        `func_cpf` VARCHAR(18) NOT NULL
17    );
18
19 •  CREATE TABLE `bd_caso_estudo_vendas`.`tb_prod`(
20        `prod_cod` INT NOT NULL PRIMARY KEY,
21        `prod_forn_cod` INT NOT NULL,
22        `prod_desc` VARCHAR(60) NULL,
23        `prod_vlr` DECIMAL NULL
24    );
25
26 •  CREATE TABLE `bd_caso_estudo_vendas`.`tb_compra`(
27        `compra_cod` INT NOT NULL PRIMARY KEY,
28        `compra_cli_cod` INT NOT NULL,
29        `compra_func_cod` INT NOT NULL,
30        `compra_qtd_prod` INT NOT NULL
31    );
32
33 •  CREATE TABLE `bd_caso_estudo_vendas`.`tb_cli`(
34        `cli_cod` INT NOT NULL PRIMARY KEY,
35        `cli_nome` VARCHAR(60) NOT NULL,
36        `cli_cpf` VARCHAR(18) NOT NULL,
37        `cli_end_rua` VARCHAR(40) NULL,
38        `cli_end_num` VARCHAR(5) NULL,
39        `cli_end_bairro` VARCHAR(30) NULL,
40        `cli_end_cep` VARCHAR(9) NULL
41    );
42
43 •  CREATE TABLE `bd_caso_estudo_vendas`.`tb_cli_tel`(
44        `tel_cod` INT NOT NULL PRIMARY KEY,
45        `tel_cli_cod` INT NOT NULL,
46        `tel_num` VARCHAR(13) NOT NULL
47    );
48
49 •  CREATE TABLE `bd_caso_estudo_vendas`.`tb_prod_comp`(
50        `prod_cod` INT NOT NULL,
51        `compra_cod` INT NOT NULL
52    );
```

2. Após finalizar o script, execute-o, clicando no ícone do raio. Será apresentado o log de execução, e as tabelas poderão ser vistas no canto superior esquerdo, no agrupamento das tabelas, conforme demonstrado a seguir.

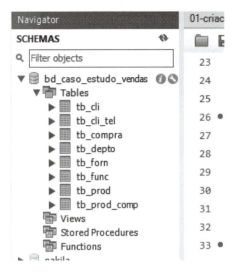

3. Para finalizar, vá em *File*, depois em *Save Script As* e salve o script na pasta criada anteriormente, com o nome *02-tabelas-banco-de-dados*.

Entendendo índices e implementando relacionamentos

Durante as modelagens conceitual e lógica, foram definidas chaves para cada tabela. Na modelagem conceitual foi apresentado o atributo identificador que, como já diz o nome, é responsável por identificar cada dado inserido na entidade. Nas modelagens lógica e física o atributo identificador dá lugar à chave primária, que cumpre o papel de identificar unicamente cada registro inserido na tabela.

Seguindo boas práticas para que o banco de dados tenha um desempenho melhorado, devemos criar índices para as chaves estrangeiras de cada tabela. O índice é utilizado para tornar mais rápidas as buscas feitas entre as tabelas. Em um banco de dados pequeno e com poucos registros, o índice não faria tanta diferença, mas em um banco de dados complexo e com muitos dados, os índices aceleram muito as buscas.

Um exemplo bastante conhecido de índice são os sumários dos livros, que ficam entre as primeiras páginas e mostram o título de cada capítulo e seus subtítulos, seguidos pelo número da página onde se encontram. Dessa forma, cada título do sumário equivale a um índice que referencia a página onde o capítulo pode ser facilmente encontrado. Agora, imagine que o livro não possua um sumário indicando a página de cada capítulo. Nesse caso, a busca seria muito mais trabalhosa, já que seria necessário folhear o livro inteiro até encontrar o capítulo desejado. É assim que os índices agem nas tabelas do banco de dados, tornando as buscas rápidas, ou seja, performáticas.

A seguir, daremos início ao script que criará os índices e os relacionamentos entre as tabelas. Na modelagem conceitual, utilizamos losangos para estabelecer os relacionamentos entre entidades. Nas modelagens lógica e física, mapeamos os relacionamentos entre as chaves primárias e estrangeiras. Nos scripts a seguir, utilizaremos o SQL para implementar a junção entre as chaves primárias e estrangeiras.

Para exemplificar como isso deve ser feito, vamos considerar o relacionamento entre o funcionário e o departamento. Trata-se de um relacionamento um para um, pois um funcionário pertence a um departamento. Dessa forma, quando o funcionário for cadastrado no banco de dados, além das suas informações pessoais (nome e CPF), haverá também o código do departamento. Eventualmente, as informações do departamento ao qual o funcionário pertence deverão ser apresentadas junto com as informações pessoais do funcionário.

A fim de deixar o banco de dados na quinta forma normal (5FN) e tornar as buscas melhores, criaremos o índice e a chave estrangeira. A chave estrangeira serve também para manter a integridade dos dados. Podemos entender a integridade dos dados com o seguinte exemplo: imagine que a tabela de departamentos possua dois departamentos: *RH*, de código *1*, e *ADM*, de código *2*. Ao inserir um funcionário sem que haja uma chave estrangeira, ele terá como departamento o código *3*, um código inexistente na tabela de departamentos. Sem as validações e a integridade que a chave estrangeira agrega, o banco de dados pode se tornar uma fonte com dados irregulares, como no nosso exemplo, em que o funcionário acabaria pertencendo a um departamento inexistente.

Para implementar a chave estrangeira, utilizamos o comando *ALTER TABLE*, que adota as tabelas pai e filha, com seus respectivos campos: *TABELA_PAI (pai_codigo)* e *TABELA_FILHA (filha_codigo, filha_pai)*. Em código SQL, a implementação da chave estrangeira usa a seguinte sintaxe:

```sql
ALTER TABLE `BD`.`TABELA_FILHA`
ADD CONSTRAINT `FK_PAI_FILHA`
  FOREIGN KEY (`filha_pai`)
  REFERENCES `BD`.`TABELA_PAI` (`pai_codigo`)
  ON DELETE NO ACTION
  ON UPDATE NO ACTION;
```

No exemplo a seguir, vemos o código SQL, que criará o índice da tabela de funcionário e realizará sua junção à tabela de departamento, implementando o relacionamento onde um funcionário pertence a um departamento. Na aba *SCHEMAS*, à esquerda, podemos ver que foram criados o índice e a chave estrangeira após a execução do comando.

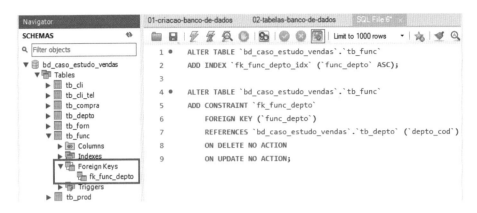

Agora que entendemos a sintaxe do comando, podemos utilizá-lo para criar os índices e relacionamentos das tabelas.

4. No editor de scripts, clique no botão *Create a new SQL tab for executing queries* para abrir uma nova aba. Em seguida, use o comando *Alter* para escrever o script que irá criar todas os relacionamentos descritos no modelo físico definido no início deste capítulo. Para facilitar, siga os modelos a seguir.

5. Um *funcionário* pertence a um *departamento*.

```
ALTER TABLE `bd_caso_estudo_vendas`.`tb_func`
ADD INDEX `fk_func_depto_idx` (`func_depto` ASC);

ALTER TABLE `bd_caso_estudo_vendas`.`tb_func`
ADD CONSTRAINT `fk_func_depto`
  FOREIGN KEY (`func_depto`)
  REFERENCES `bd_caso_estudo_vendas`.`tb_depto` (`depto_cod`)
  ON DELETE NO ACTION
  ON UPDATE NO ACTION;
```

6. Uma *compra* é registrada por um *funcionário*.

```
ALTER TABLE `bd_caso_estudo_vendas`.`tb_compra`
ADD INDEX `fk_compra_func_idx` (`compra_func_cod` ASC);


ALTER TABLE `bd_caso_estudo_vendas`.`tb_compra`
ADD CONSTRAINT `fk_compra_func`
  FOREIGN KEY (`compra_func_cod`)
  REFERENCES `bd_caso_estudo_vendas`.`tb_func` (`func_cod`)
  ON DELETE NO ACTION
  ON UPDATE NO ACTION;
```

7. Um *cliente* realiza uma *compra*.

```
ALTER TABLE `bd_caso_estudo_vendas`.`tb_compra`
ADD INDEX `fk_compra_cli_idx` (`compra_cli_cod` ASC);


ALTER TABLE `bd_caso_estudo_vendas`.`tb_compra`
ADD CONSTRAINT `fk_compra_cli`
  FOREIGN KEY (`compra_cli_cod`)
  REFERENCES `bd_caso_estudo_vendas`.`tb_cli` (`cli_cod`)
  ON DELETE NO ACTION
  ON UPDATE NO ACTION;
```

8. Um *produto* é fornecido por um *fornecedor*.

```
ALTER TABLE `bd_caso_estudo_vendas`.`tb_prod`
ADD INDEX `fk_prod_forn_idx` (`prod_forn_cod` ASC);


ALTER TABLE `bd_caso_estudo_vendas`.`tb_prod`
ADD CONSTRAINT `fk_prod_forn`
  FOREIGN KEY (`prod_forn_cod`)
  REFERENCES `bd_caso_estudo_vendas`.`tb_forn` (`forn_cod`)
  ON DELETE NO ACTION
  ON UPDATE NO ACTION;
```

9. Um *cliente* possui muitos *telefones*.

```
ALTER TABLE `bd_caso_estudo_vendas`.`tb_cli_tel`
ADD INDEX `fk_cli_tel_idx` (`tel_cli_cod` ASC);


ALTER TABLE `bd_caso_estudo_vendas`.`tb_cli_tel`
ADD CONSTRAINT `fk_cli_tel`
  FOREIGN KEY (`tel_cli_cod`)
  REFERENCES `bd_caso_estudo_vendas`.`tb_cli` (`cli_cod`)
  ON DELETE NO ACTION
  ON UPDATE NO ACTION;
```

10. As *compras* possuem muitos *produtos*.

```
ALTER TABLE `bd_caso_estudo_vendas`.`tb_prod_comp`
ADD INDEX `fk_prod_comp_compra_idx` (`compra_cod` ASC);

ALTER TABLE `bd_caso_estudo_vendas`.`tb_prod_comp`
ADD INDEX `fk_prod_comp_prod_idx` (`prod_cod` ASC);

ALTER TABLE `bd_caso_estudo_vendas`.`tb_prod_comp`
ADD CONSTRAINT `fk_prod_comp_compra`
  FOREIGN KEY (`compra_cod`)
  REFERENCES `bd_caso_estudo_vendas`.`tb_compra` (`compra_cod`)
  ON DELETE NO ACTION
  ON UPDATE NO ACTION;


ALTER TABLE `bd_caso_estudo_vendas`.`tb_prod_comp`
ADD CONSTRAINT `fk_prod_comp_prod`
  FOREIGN KEY (`prod_cod`)
  REFERENCES `bd_caso_estudo_vendas`.`tb_prod` (`prod_cod`)
  ON DELETE NO ACTION
  ON UPDATE NO ACTION;
```

11. Após inserir todos os códigos no editor, execute o script para criar os índices e relacionamentos.

12. Por fim, clique em *File*, depois em *Save Script As* e salve o arquivo com o nome *03-indices-e-relacionamentos*.

DCL SQL (Controle de acesso)

Outra parte importante do SQL é a DCL, sigla para Data Control Language (em português, linguagem de controle de dados), que agrupa comandos responsáveis por permissões e controle de acesso ao sistema de banco de dados. Confira a seguir os principais comandos desse grupo.

Comando **GRANT**

Utilizado para conceder acessos e privilégios a usuários do banco de dados, por meio da seguinte sintaxe:

```
GRANT privilege [PRIVILÉGIOS],..
ON NIVEL_PRIVILEGIO
TO NOME_USUARIO;
```

Comando REVOKE

Utilizado para reverter o comando *GRANT*, removendo permissões de acesso e privilégios dos usuários do banco de dados, por meio da seguinte sintaxe:

```
REVOKE privilege [PRIVILÉGIOS],..
ON NIVEL_PRIVILEGIO
FROM NOME_USUARIO;
```

Agora, aprenderemos a sintaxe dos comandos *GRANT* e *REVOKE*, para que possamos implementar scripts de permissão de acesso ao banco de dados. A aplicação dos privilégios pode ser feita no banco de dados como um todo, ou em partes específicas, conforme a imagem a seguir.

- **Global**: Os privilégios globais se aplicam a todos os bancos de dados em um servidor MySQL. Para atribuir privilégios globais utilizamos a sintaxe *.*, como no exemplo a seguir.

```
GRANT SELECT
ON *.*
TO usuario@localhost;
```

- **Banco de dados**: Os privilégios de banco de dados se aplicam a todos os objetos dentro de um banco de dados. É utilizada a sintaxe *ON nome_banco_dados.**, como no exemplo a seguir.

```
GRANT INSERT
ON nome_banco_dados.*
TO usuario@localhost;
```

- **Tabela**: Os privilégios de tabela são aplicados a todas as colunas de uma tabela no banco de dados. É utilizada a sintaxe *ON nome_banco_dados.nome_tabela*, como no exemplo a seguir.

```
GRANT INSERT
ON nome_banco_dados.nome_tabela
TO usuario@localhost;
```

- **Coluna**: Os privilégios de coluna são atribuídos a uma ou mais colunas da tabela identificada. A sintaxe é *nome_banco_dados.nome_tabela*, conforme o exemplo a seguir.

```
GRANT
    SELECT (coluna_1, coluna_2, coluna_3),
    UPDATE(coluna_4)
ON nome_banco_dados.nome_tabela
TO usuario@localhost;
```

- **Rotina**: Os privilégios de rotina são aplicados às funções e procedures do banco de dados, com a sintaxe *nome_banco_dados.nome_procedure*, conforme o exemplo a seguir.

```
GRANT INSERT
ON PROCEDURE nome_banco_dados.nome_procedure
TO usuario@localhost;
```

- **Proxy**: Os privilégios de usuário proxy permitem que um usuário espelhe outro, obtendo assim todos os privilégios do usuário proxy. No exemplo a seguir, o *usuario@localhost* obterá todos os privilégios do usuário *root*.

```
GRANT PROXY
ON root
TO usuario@localhost;
```

Os privilégios que podem ser aplicados estão demonstrados na ilustração abaixo, e a sintaxe pode ser entendida a seguir.

Privilégio **ALL**

Concede (ou revoga) todos os privilégios no nível de acesso especificado.

Privilégio **ALTER**

Permite (ou revoga) que o usuário use o comando *ALTER* para realizar alterações estruturais no banco de dados.

Privilégio **CREATE**

Permite (ou revoga) que o usuário crie bancos de dados e tabelas.

Privilégio **DELETE**

Permite (ou revoga) que o usuário utilize o comando *DELETE*.

Privilégio **DROP**

Permite (ou revoga) ao usuário deletar o banco de dados, tabelas e outras rotinas estruturais.

Privilégio **EXECUTE**

Permite (ou revoga) que o usuário execute rotinas do banco de dados.

Privilégio **SELECT**

Permite (ou revoga) que o usuário execute comandos *SELECT*.

Privilégio **UPDATE**

Permite (ou revoga) que o usuário execute comandos de atualização de dados nas tabelas.

Privilégio **INSERT**

Permite ou revoga que o usuário insira dados nas tabelas do banco de dados.

IMPLEMENTANDO AS PERMISSÕES

Pensando em um cenário no qual o banco de dados será integrado a uma aplicação que terá diversos usuários finais, é importante que sejam concedidas permissões de acesso corretas aos usuários, para que dados importantes não sejam alterados por pessoas com más intenções ou falta de informação. Na implementação do nosso estudo de caso, todas as alterações são feitas com o usuário *root* do SGBD, ou seja, o usuário administrador. Porém, na vida real, cada usuário do banco de dados terá seus próprios privilégios.

1. Para implementar as permissões no banco de dados do nosso estudo de caso, clique no botão *Create a new SQL tab for executing queries* para abrir uma nova aba. Em seguida, siga os modelos a seguir para implementar cada uma das permissões necessárias.

```
GRANT INSERT, UPDATE, DELETE
ON `bd_caso_estudo_vendas`.`tb_func`
TO root@localhost;

REVOKE INSERT, UPDATE
ON `bd_caso_estudo_vendas`.`tb_func`
FROM root@localhost;
```

```
GRANT DELETE
ON `bd_caso_estudo_vendas`.`tb_func`
TO root@localhost;

REVOKE SELECT
ON `bd_caso_estudo_vendas`.`tb_func`
FROM root@localhost;

GRANT INSERT
ON `bd_caso_estudo_vendas`.`tb_func`
TO root@localhost;
```

2. Após inserir todos os códigos no editor, execute o script para conceder as permissões de acesso.

3. Por fim, clique em *File*, depois em *Save Script As* e salve o arquivo com o nome *04-permissoes-acesso*.

DML SQL (Inserção e manuseio de dados)

A próxima parte importante do SQL é a DML, sigla que vem de Data Manipulation Language (ou linguagem de manipulação de dados, em português), que agrupa comandos utilizados para manipular e inserir dados no banco de dados. Os principais comandos de manipulação são:

Comando INSERT

Utilizado para inserir um ou mais dados nas tabelas do banco de dados, por meio da seguinte sintaxe:

```
INSERT INTO `nome_banco_dados`.`tabela`(campo1, campo2)
VALUES ('valor1', 'valor2');
```

Comando SELECT

Utilizado para recuperar dados nas tabelas do banco de dados, por meio da seguinte sintaxe:

```
SELECT campo1, campo2
FROM  `nome_banco_dados`.`tabela`
```

Comando UPDATE

Utilizado para atualizar os dados na tabela, por meio da seguinte sintaxe:

```
UPDATE `nome_banco_dados`.`tabela`
SET campo1 = "Novo Valor"
```

Comando **DELETE**

Usado para deletar dados da tabela, por meio da seguinte sintaxe:

```
DELETE FROM `nome_banco_dados`.`tabela`
```

POPULANDO TABELAS

Após aprendermos os comandos do grupo DML, podemos agora inserir dados, o que também é chamado de popular tabelas. A princípio, vamos inserir os dados nas tabelas de departamentos, funcionários e fornecedores, que possuem relacionamentos um para um, já que não será possível atribuirmos um dado relacionado a essas tabelas se elas ainda não tiverem dados.

1. Para popular as tabelas do banco de dados do nosso estudo de caso, clique no botão *Create a new SQL tab for executing queries*. Na aba que se abre, digite o script a seguir.

```
1   INSERT INTO `bd_caso_estudo_vendas`.`tb_depto`(depto_cod, depto_desc)
2       VALUES (1, 'Vendas');
3
4   INSERT INTO `bd_caso_estudo_vendas`.`tb_depto`(depto_cod, depto_desc)
5       VALUES (2, 'Administrativo');
6
7   INSERT INTO `bd_caso_estudo_vendas`.`tb_func`(func_cod, func_depto, func_nome, func_cpf)
8       VALUES (1, 1, 'Iolanda', '12345678900');
9
10  INSERT INTO `bd_caso_estudo_vendas`.`tb_func`(func_cod, func_depto, func_nome, func_cpf)
11      VALUES (2, 2, 'Martin', '11122233344');
12
13  INSERT INTO `bd_caso_estudo_vendas`.`tb_forn`(forn_cod, forn_nome, forn_tel)
14      VALUES (1, 'Fornecedor Um', '1122998877');
15
16  INSERT INTO `bd_caso_estudo_vendas`.`tb_forn`(forn_cod, forn_nome, forn_tel)
17      VALUES (2, 'Fornecedor Dois', '1122998866');
```

Ao inserir dados, temos dois pontos de muita atenção: primeiro, não podemos repetir o mesmo número de chave primária em uma tabela, ou seja, se um departamento de código 1 já foi inserido, o próximo deve ter o código 2 e assim por diante. Caso a mesma chave primária seja inserida mais de uma vez na mesma tabela, o SGBD retornará um erro. Segundo, quando informamos que, por exemplo, o campo *func_depto* é *1*, o departamento 1 deve estar inserido na tabela de departamentos. Caso esse departamento não exista na tabela, também obteremos um erro.

2. Agora, vamos popular as tabelas de fornecedores, produtos e clientes. Na mesma aba do editor, digite o código a seguir.

```
18
19 ●    INSERT INTO `bd_caso_estudo_vendas`.`tb_prod`(prod_cod, prod_forn_cod, prod_desc, prod_vlr)
20         VALUES (1, 1, 'Produto Um', 10);
21
22 ●    INSERT INTO `bd_caso_estudo_vendas`.`tb_prod`(prod_cod, prod_forn_cod, prod_desc, prod_vlr)
23         VALUES (2, 2, 'Produto Dois', 20);
24
25 ●    INSERT INTO `bd_caso_estudo_vendas`.`tb_prod`(prod_cod, prod_forn_cod, prod_desc, prod_vlr)
26         VALUES (3, 1, 'Produto Três', 30);
27
28 ●    INSERT INTO `bd_caso_estudo_vendas`.`tb_cli`(cli_cod, cli_nome, cli_cpf, cli_end_rua, cli_end_num, cli_end_bairro, cli_end_cep)
29         VALUES (1, 'Cliente Um', '12112112199', 'Rua Teste', '199', 'Bairro Teste', '12109222');
30
31 ●    INSERT INTO `bd_caso_estudo_vendas`.`tb_cli_tel`(tel_cod, tel_cli_cod, tel_num)
32         VALUES (1, 1, '113333-3333');
33
```

3. Em seguida, vamos inserir os dados de uma compra. Na mesma aba do editor, digite o código a seguir.

```
33
34 ●    INSERT INTO `bd_caso_estudo_vendas`.`tb_compra`(compra_cod, compra_cli_cod, compra_func_cod, compra_qtd_prod)
35         VALUES (1, 1, 1, 2);
36
37 ●    INSERT INTO `bd_caso_estudo_vendas`.`tb_prod_comp`(prod_cod, compra_cod)
38         VALUES (1, 1);
39
40 ●    INSERT INTO `bd_caso_estudo_vendas`.`tb_prod_comp`(prod_cod, compra_cod)
41         VALUES (2, 1);
```

Nas linhas 34 e 35 desse código, foram inseridos dados na tabela *tb_compra*, como se uma compra tivesse sido feita pelo cliente *1* e registrada pelo funcionário *1*. Nessa compra, foram registradas duas unidades de produto. Como a associação entre compras e produtos constitui um relacionamento muitos para muitos, será necessário utilizar uma tabela auxiliar, conforme definimos na modelagem lógica. Assim, nas linhas 37 a 41, são inseridos os dados dos produtos *1* e *2*.

4. Após inserir todo o código no editor, execute o script para popular as tabelas.

5. Por fim, clique em *File*, depois em *Save Script As* e salve o arquivo com o nome *05-popular-tabelas*.

ALTERAR, EXCLUIR E CONSULTAR DADOS

Com os dados inseridos nas tabelas, podemos imaginar um cenário em que um dado necessite ser alterado, por exemplo, caso algo tenha sido digitado incorretamente. Suponhamos que seja necessário alterar o nome do cliente cujo código é *1*. O código a seguir mostra como utilizar o comando *Update* para atualizar esse dado em conjunto com o comando *WHERE*, que veremos melhor no próximo capítulo. Por ora, basta dizer que se trata de uma cláusula em que informamos que somente o cliente de código *1* deve ser alterado. Caso contrário, todos os clientes inseridos na tabela teriam o nome modificado.

```
UPDATE `bd_caso_estudo_vendas`.`tb_cli`
SET cli_nome = 'Novo Nome Cliente'
WHERE cli_cod = 1;
```

Outra necessidade comum é a de excluir um ou mais dados. Para isso, utilizamos o comando *Delete*. O código a seguir mostra como um dado pode ser excluído, tendo como exemplo o produto de código 3 da tabela de produtos. Novamente, a cláusula *Where* é utilizada para que somente o produto de código 3 seja excluído. Caso contrário, todos os produtos da tabela seriam excluídos.

```
DELETE FROM `bd_caso_estudo_vendas`.`tb_prod`
WHERE prod_cod = 3;
```

Por fim, após modelar o banco de dados, inserir, alterar e deletar dados, agora vamos consultar esses dados utilizando o comando *SELECT*. Por exemplo, para visualizar todos os produtos da tabela, basta indicar um asterisco (*) no primeiro trecho de código. Assim, todos os campos da tabela serão apresentados com os respectivos dados.

```
SELECT *
FROM `bd_caso_estudo_vendas`.`tb_prod`;
```

Também é possível especificar os campos que devem apresentados no resultado da consulta, como exemplificado pelo comando a seguir.

```
SELECT prod_cod, prod_forn_cod, prod_desc, prod_vlr
FROM `bd_caso_estudo_vendas`.`tb_prod`;
```

Anotações

5

Aprimorando o banco de dados e as consultas

OBJETIVOS

» Apresentar funções da linguagem SQL que melhoram o banco de dados

» Melhorar a performance do banco de dados

Melhorando a organização e a performance

Agora que sabemos modelar um banco de dados, inserir dados nele e manuseá-los, é necessário entender alguns pontos importantes relacionados à organização e à performance da base de dados.

Consultas com relacionamentos

O banco de dados relacional consiste em várias tabelas que podem ou não ter relação entre si, e esse vínculo se dá através das colunas conhecidas como chaves estrangeiras. Entendendo essa regra, podemos modelar um banco de dados partindo do princípio da normalização, e sua implementação é realizada com chaves primárias e estrangeiras, a fim de que os dados possam ser manuseados de forma ágil e rápida.

Assim sendo, ao realizarmos uma pesquisa, como feito no capítulo anterior, visualizamos dados de uma tabela. Porém, pela perspectiva da área de negócios, essa visualização é incompleta. Por exemplo, imagine que o gerente da loja do estudo de caso solicite um relatório das vendas realizadas, que deva apresentar o código da venda, o nome do funcionário que a realizou e o nome do cliente que fez a compra. De acordo com a modelagem da tabela de compra, somente os códigos do funcionário e do cliente seriam apresentados, mas não seus nomes. Para isso, precisaríamos acessar também as respectivas tabelas de funcionário e de cliente, o que pode ser feito com a cláusula *JOIN*.

Cláusula JOIN

A junção de tabelas com o comando *JOIN* permite vincular dados entre uma ou mais tabelas, com base nos valores das colunas em comum entre elas, ou seja, chaves primárias e estrangeiras. Para associar tabelas é preciso utilizar a cláusula *JOIN* no comando *SELECT*, após a cláusula *FROM*, conforme a sintaxe a seguir.

```
SELECT column_list
FROM TABELA_PAI
TIPO_JUNCAO JOIN TABELA_FILHO ON CONDICAO;
```

Os exemplos a seguir mostram alguns tipos de junções que o MySQL suporta.

- **INNER JOIN**: A cláusula de junção *INNER JOIN* (junção interna) compara cada linha da primeira tabela com todas as linhas da segunda tabela. Se os valores de ambas as linhas forem iguais, ou seja, se a condição for verdadeira, a cláusula de junção interna criará uma nova linha contendo todas as colunas de ambas as tabelas. Essa nova linha será incluída no conjunto de resultados final, ou seja, a cláusula de junção interna inclui apenas linhas cujos valores sejam correspondentes.

Para entender como essa regra funciona, observe os dados das tabelas de funcionários e departamentos, que inserimos no banco de dados no capítulo anterior. No editor SQL, onde digitamos e executamos os comandos, podemos construir mais de um bloco de código e executá-los separadamente. Para isso, basta selecionar apenas o trecho de comando que deseja executar e então clicar no botão com símbolo de raio. Dessa forma, os passos a seguir poderão ser estudados mais facilmente: cada comando *SELECT* pode ser criado no mesmo editor SQL e executado separadamente.

1. Para visualizar os dados da tabela de departamentos, clique no botão *Create a new SQL tab for executing queries*. Na aba que se abre, digite o código a seguir e, então, execute o comando.

```
SELECT *
FROM `bd_caso_estudo_vendas`.`tb_depto`;
```

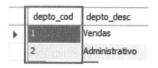

depto_cod	depto_desc
1	Vendas
2	Administrativo

2. Em seguida, para visualizar os dados da tabela de funcionários, digite o código a seguir no editor e execute o comando.

```
SELECT *
FROM `bd_caso_estudo_vendas`.`tb_func`;
```

func_cod	func_depto	func_nome	func_cpf
1	1	Iolanda	12345678900
2	2	Martin	11122233344

3. Perceba que as colunas *depto_cod* (da tabela de departamentos) e *func_depto* (da tabela de funcionários) estão relacionadas uma com a outra. Para que esses dados sejam vinculados, use o comando *SELECT* com a cláusula *INNER JOIN*, da seguinte maneira, e veja o resultado.

```
SELECT *
FROM `bd_caso_estudo_vendas`.`tb_func`
INNER JOIN `bd_caso_estudo_vendas`.`tb_depto`
ON depto_cod = func_depto;
```

func_cod	func_depto	func_nome	func_cpf	depto_cod	depto_desc
1	1	Iolanda	12345678900	1	Vendas
2	2	Martin	11122233344	2	Administrativo

- **LEFT JOIN**: Esta cláusula é muito semelhante à *INNER JOIN*. A diferença é que esta inicia a comparação das colunas a partir da segunda tabela, em vez da primeira. A sintaxe é a mesma e o mesmo exemplo executado anteriormente pode ser aplicado nesta cláusula.

4. No editor de scripts, digite o código a seguir para criar uma consulta utilizando o comando *SELECT* e a cláusula *LEFT JOIN*, onde deveremos apresentar o código da compra, o nome do cliente e o nome do funcionário que a realizou.

```
SELECT compra_cod, cli_nome, func_nome
FROM `bd_caso_estudo_vendas`.`tb_compra`
INNER JOIN `bd_caso_estudo_vendas`.`tb_func`
    ON func_cod = compra_func_cod
INNER JOIN `bd_caso_estudo_vendas`.`tb_cli`
    ON cli_cod = compra_cli_cod
```

Cláusulas, operadores e funções SQL

Além do comando *SELECT* e das cláusulas *JOIN*, a linguagem SQL possui várias outras cláusulas, operadores e funções úteis que adicionam a lógica às execuções.

Cláusulas

No SQL, as cláusulas compõem uma consulta que permite filtrar ou personalizar a maneira como você deseja que os dados sejam consultados.

Cláusula **WHERE**

A cláusula *WHERE* é utilizada para especificar uma condição para as linhas retornadas em uma pesquisa. A seguir, é mostrada a sintaxe da cláusula WHERE.

```
SELECT *
FROM tabela_1
WHERE condicao_de_busca;
```

A condição utilizada na cláusula é uma combinação de uma ou mais regras, que se trata de uma expressão booleana, ou seja, cujo resultado seja verdadeiro ou falso. Na sintaxe acima, qualquer linha da *tabela_1* que apresentar um valor verdadeiro para a condição de pesquisa será incluída no conjunto de resultados final, como no exemplo a seguir.

1. No editor de scripts, digite o código a seguir e execute-o. Observe que todos os dados da tabela *tb_func* são apresentados nos resultados.

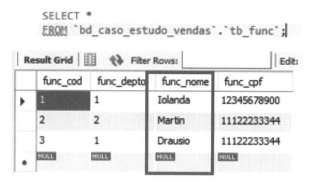

2. Em seguida, execute o comando SELECT utilizando a cláusula WHERE, adotando a condição de que somente os funcionários com o nome *Martin* sejam apresentados.

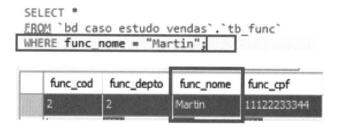

A cláusula WHERE pode ser utilizada com outros comandos, além de SELECT, tais como UPDATE ou DELETE, para especificar quais linhas atualizar ou excluir, por exemplo.

Cláusula ORDER BY

Quando utilizamos o comando SELECT para consultar dados de uma tabela, o resultado não é ordenado por critério algum. Para ordenar os resultados, utilizamos a cláusula ORDER BY, de acordo com a seguinte sintaxe:

```
SELECT *
FROM tabela_1
ORDER BY campo_1 [ASC|DESC],
         campo_2 [ASC|DESC];
```

Nessa sintaxe, é possível especificar um ou mais campos na regra de ordenação. ASC significa ascendente e é utilizado para classificar o conjunto de resultados em ordem crescente. DESC significa descendente e é utilizado para classificar o conjunto de resultados em ordem decrescente.

3. Para entender como funciona essa cláusula, execute o código a seguir no editor de scripts. Observe que as informações são apresentadas sem critérios de ordenação.

```
SELECT *
FROM `bd_caso_estudo_vendas`.`tb_func`;
```

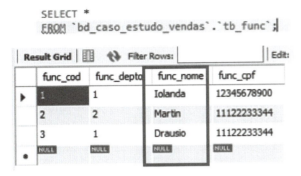

4. Agora, execute o comando a seguir, que inclui uma regra para que os dados sejam ordenados, de forma crescente, pelo nome do funcionário.

```
SELECT *
FROM `bd_caso_estudo_vendas`.`tb_func`
ORDER BY func_nome ASC;
```

func_cod	func_depto	func_nome	func_cpf
3	1	Drausio	11122233344
1	1	Iolanda	12345678900
2	2	Martin	11122233344

Observe os resultados: os dados foram apresentados de acordo com a ordem crescente do nome dos funcionários.

Cláusula GROUP BY

A cláusula *GROUP BY* é o comando utilizado com a instrução *SELECT* para agrupar linhas que possuem os mesmos valores. As consultas feitas com essa cláusula são chamadas de consultas agrupadas e retornam uma única linha para cada item agrupado. A seguir, temos a sintaxe dessa cláusula.

```
SELECT campo_1, campo_2
FROM tabela_1
GROUP BY campo_1, campo_2;
```

5. Para entender como essa cláusula funciona, execute o código a seguir no editor de scripts. O resultado mostra a tabela *tb_prod_comp*, onde estão armazenados os dados uma compra (*compra_cod 1*) e dos dois produtos incluídos nela (*prod_cod 1 e 2*).

```
SELECT *
FROM `bd_caso_estudo_vendas`.`tb_prod_comp`
```

prod_cod	compra_cod
1	1
2	1

6. Então, utilize a cláusula *GROUP BY* com o campo *compra_cod*, como demonstra o script a seguir. Serão apresentados somente os códigos de compra, sem que se repitam, agrupados pelo próprio código de compra.

```
SELECT compra_cod
FROM `bd_caso_estudo_vendas`.`tb_prod_comp`
GROUP BY compra_cod;
```

compra_cod
1

OPERADORES

Na linguagem SQL, os operadores são palavras reservadas, geralmente utilizadas na cláusula *WHERE*, capazes de filtrar dados ou até mesmo realizar operações aritméticas.

Operador **AND**

O operador *AND* é um operador lógico que combina duas ou mais expressões booleanas e retorna o valor verdadeiro (true) somente se ambas as expressões forem avaliadas como verdadeiras. O operador *AND* retornará falso (false) se uma das duas expressões for avaliada como falsa. A sintaxe é a seguinte:

```
SELECT campo_1, campo_2
FROM tabela_1
WHERE condicao_1 AND condicao_2;
```

Operador **OR**

O operador *OR* é um operador lógico que combina duas ou mais expressões booleanas e retorna verdadeiro (true) se pelo menos uma das expressões forem avaliadas como verdadeiras. O operador *OR* retornará falso (false) somente se ambas as expressões forem avaliadas como falsas. A sintaxe é a seguinte:

```
SELECT campo_1, campo_2
FROM tabela_1
WHERE condicao_1 OR condicao_2;
```

Operador IN

O operador *IN* permite determinar se um valor corresponde a qualquer valor em um conjunto de valores. Por exemplo, suponha que tenhamos uma tabela com os seguintes dados:

campo_1	campo_2
A	valor
B	valor
C	valor
D	valor

Se executarmos o comando a seguir com a regra de que deverão ser apresentados os dados cujo valor do *campo_1* esteja contido no conjunto *("C", "D")*, o resultado apresentará o conteúdo do *campo_1* cujo valor corresponda a pelo menos um dos valores definidos no conjunto.

```
SELECT campo_1, campo_2
FROM tabela_1
WHERE campo_1 IN ("C", "D");
```

campo_1	campo_2
C	valor
D	valor

Operador BETWEEN

O operador *BETWEEN* é um operador lógico que permite especificar se um valor está dentro de um intervalo de valores. É frequentemente usado com a cláusula *WHERE* nas instruções *SELECT*, *UPDATE* e *DELETE*.

1. Para entender como esse operador funciona, execute o código abaixo no editor de scripts. Observe que o resultado apresenta a tabela *tb_prod* e seus dados.

```
SELECT *
FROM `bd_caso_estudo_vendas`.`tb_prod`;
```

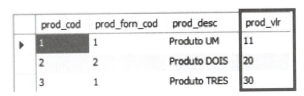

2. Em seguida, utilize o operador *BETWEEN* de acordo com o script abaixo. Observe que serão recuperados os produtos da tabela *tb_prod* cujo valor esteja entre (between) *10* e *25*.

```
SELECT *
FROM `bd_caso_estudo_vendas`.`tb_prod`
WHERE prod_vlr BETWEEN 10 AND 25;
```

prod_cod	prod_forn_cod	prod_desc	prod_vlr
1	1	Produto UM	11
2	2	Produto DOIS	20

Funções

As funções agregadas executam cálculos em um conjunto de dados, resultando em um único valor. As funções devem ser utilizadas com campos na cláusula *SELECT*. A seguir, veremos algumas das principais funções suportadas pelo MySQL.

1. Para entender os cálculos aplicados pelas funções, execute uma busca simples pelos valores dos produtos na tabela *tb_prod*, de acordo com o seguinte script:

```
SELECT prod_vlr
FROM `bd_caso_estudo_vendas`.`tb_prod`;
```

prod_vlr
11
20
30

Agora, vejamos como utilizar as funções.

Função **SUM()**

A função *SUM()* retorna como resultado a soma de dados de uma coluna.

2. Para entender como ela funciona, execute o script a seguir. Observe que será apresentado somente um resultado com o a soma dos valores de todos os produtos inseridos na tabela.

```
SELECT SUM(prod_vlr)
FROM `bd_caso_estudo_vendas`.`tb_prod`;
```

SUM(prod_vlr)
61

Função **AVG()**

A função *AVG()* retorna o valor médio dos dados de um uma coluna numérica.

3. Para entender como ela funciona, execute o script a seguir. Observe que será apresentado o valor médio dos produtos da tabela *tb_produtos*.

```
SELECT AVG(prod_vlr)
FROM `bd_caso_estudo_vendas`.`tb_prod`;
```

	AVG(prod_vlr)
▶	20.3333

Função **MAX()**

A função *MAX()* retorna o valor máximo em um conjunto de valores.

4. Para entender como ela funciona, execute o script a seguir. Observe que será apresentado o valor máximo dentre os produtos na coluna *prod_vlr*.

```
SELECT MAX(prod_vlr)
FROM `bd_caso_estudo_vendas`.`tb_prod`;
```

	MAX(prod_vlr)
▶	30

Função **MIN()**

A função *MIN()* retorna o valor mínimo em um conjunto de valores.

5. Para entender como ela funciona, execute o script a seguir. Observe que será apresentado o valor mínimo dentre os produtos na coluna *prod_vlr*.

```
SELECT MIN(prod_vlr)
FROM `bd_caso_estudo_vendas`.`tb_prod`;
```

	MIN(prod_vlr)
▶	11

Função **COUNT()**

A função *COUNT()* retorna o número de linhas em uma tabela.

6. Para entender como ela funciona, execute o script a seguir. Observe que será apresentada a quantidade de registros da tabela, ou seja, a quantidade de produtos cadastrados.

```
SELECT COUNT(*)
FROM `bd_caso_estudo_vendas`.`tb_prod`;
```

	COUNT(*)
▶	3

Transações e integridade dos dados

Os comandos e ações realizadas no SGBD ou no banco de dados são gerenciados por transações, e TCL é a sigla de Trasaction Control Language (em português, linguagem de controle de transação). A cada iteração com o banco de dados, é criada uma transação. Para que uma ação não corrompa ou interfira com outra ação, as ações são executadas em fila, isoladamente das demais.

TRANSACTIONS

Para entender o que é uma transação, vamos ver o exemplo a seguir, em que uma nova compra é inserida no banco de dados. Suponhamos que as etapas para adicionar a compra sejam as seguintes:

A. Inserir o cliente.

B. Inserir a compra.

C. Inserir os produtos.

D. Recuperar o número da compra para atualizá-la com os produtos.

E. Atualizar a compra com os produtos.

Agora, imagine o que aconteceria se, no último passo, o usuário do sistema não tivesse permissão para realizar atualizações. Nesse caso, uma compra sem produtos ficaria associada ao cliente. As transações permitem executar um conjunto de operações e garantem que o banco de dados nunca contenha o resultado de operações parciais. Em um conjunto de operações, se um deles falha, o comando é desfeito (*ROLLBACK*), de modo que os dados reais do banco de dados não são afetados, e o banco de dados é restaurado e mantido no seu estado original. Se nenhum erro ocorrer, todo o conjunto de instruções será confirmado no banco de dados através do comando *COMMIT*.

Os principais comandos do subgrupo de transações e suas sintaxes são:

Comando **COMMIT**

Comando utilizado para efetivar ou finalizar a execução da transação. A sintaxe é a seguinte:

```
COMMIT;
```

Comando **ROLLBACK**

Reverte uma transação, caso haja erros ou impedimentos durante sua execução. A sintaxe é a seguinte:

```
ROLLBACK;
```

Comando **START TRANSACTION**

Comando para especificar as características de uma transação. A sintaxe é a seguinte:

```
START TRANSACTION;
```

1. Para entender como funciona, execute o script a seguir, que cria o cliente e a compra, atualizando os produtos com o uso de transações.

```
-- INICIANDO UMA TRANSAÇÃO
START TRANSACTION;

-- a) Inserindo Cliente
    INSERT INTO `bd_caso_estudo_vendas`.`tb_cli`(cli_cod, cli_nome, cli_cpf, cli_end_rua,
                                     cli_end_num, cli_end_bairro, cli_end_cep)
    VALUES (2, 'Cliente DOIS', '12112112199', 'Rua Teste', '199', 'Bairro Teste', '12109222');

-- b) Inserindo a Compra
    INSERT INTO `bd_caso_estudo_vendas`.`tb_compra`(compra_cod, compra_cli_cod,
                                     compra_func_cod, compra_qtd_prod)
    VALUES (2, 2, 1, 2);

-- c) Inserindo os Produtos

    INSERT INTO `bd_caso_estudo_vendas`.`tb_prod`(prod_cod, prod_forn_cod, prod_desc, prod_vlr)
    VALUES (4, 1, 'QUATRO', 20);

    INSERT INTO `bd_caso_estudo_vendas`.`tb_prod`(prod_cod, prod_forn_cod, prod_desc, prod_vlr)
    VALUES (5, 1, 'CINCO', 30);

-- d) Número da venda inserida = 2

-- e) Atualização da tabela de produtos da venda, inserindo produtos associados a venda

    INSERT INTO `bd_caso_estudo_vendas`.`tb_prod_comp`(prod_cod, compra_cod)
    VALUES (4, 2);

    INSERT INTO `bd_caso_estudo_vendas`.`tb_prod_comp`(prod_cod, compra_cod)
    VALUES (4, 2);

-- Commitando os comandos executados para que sejam efetivamente salvos no banco de dados
COMMIT;
```

2. Observe que os comandos são executados na ordem estabelecida e, ao fim da execução, é realizado o *COMMIT*.

#	Time	Action	Message
✓ 1	23:20:13	START TRANSACTION	0 row(s) affected
✓ 2	23:20:13	INSERT INTO `bd_caso_estudo_vendas`.`tb_cli`(cli_cod, cli_nome, cli_cpf, cli_end_rua, cli...	1 row(s) affected
✓ 3	23:20:13	INSERT INTO `bd_caso_estudo_vendas`.`tb_compra`(compra_cod, compra_cli_cod, comp...	1 row(s) affected
✓ 4	23:20:13	INSERT INTO `bd_caso_estudo_vendas`.`tb_prod`(prod_cod, prod_forn_cod, prod_desc, pr...	1 row(s) affected
✓ 5	23:20:14	INSERT INTO `bd_caso_estudo_vendas`.`tb_prod`(prod_cod, prod_forn_cod, prod_desc, pr...	1 row(s) affected
✓ 6	23:20:14	INSERT INTO `bd_caso_estudo_vendas`.`tb_prod_comp`(prod_cod, compra_cod) VALUE...	1 row(s) affected
✓ 7	23:20:14	INSERT INTO `bd_caso_estudo_vendas`.`tb_prod_comp`(prod_cod, compra_cod) VALUE...	1 row(s) affected
✓ 8	23:20:14	COMMIT	0 row(s) affected

Perceba que as linhas iniciadas por dois traços (--) são ignoradas na execução do programa. Elas são chamadas de comentários e são usadas para incluir observações e descrever o funcionamento do código.

VIEWS

As *VIEWS* são como tabelas virtuais que não armazenam dados, mas exibem dados armazenados nas outras tabelas, sempre através de comandos *SELECT*. Em outras palavras, *VIEWS* nada mais são do que consultas que podem mostrar dados de uma ou várias tabelas, sem que o usuário possa alterá-los, servindo somente como uma tabela virtual.

1. Para entender a importância das *VIEWS*, suponhamos que frequentemente seja executada uma consulta no banco de dados que deve retornar o código da compra, a descrição dos produtos e o nome do cliente. No editor de scripts, execute a seguinte consulta com junções:

```sql
SELECT tb_compra.compra_cod, prod_desc, cli_nome
FROM `bd_caso_estudo_vendas`.`tb_compra`
INNER JOIN `bd_caso_estudo_vendas`.`tb_prod_comp`
    ON tb_compra.compra_cod = tb_prod_comp.compra_cod
INNER JOIN `bd_caso_estudo_vendas`.`tb_prod`
    ON tb_prod.prod_cod = tb_prod_comp.prod_cod
INNER JOIN `bd_caso_estudo_vendas`.`tb_cli`
    ON compra_cli_cod = cli_cod;
```

Por se tratar de uma consulta complexa e recorrente, ela poderia ser guardada em arquivos *.sql* ou *.txt* para que não seja necessário digitar todo o código novamente a cada vez. Porém, com as *VIEWS*, as consultas são criadas, mas é a *VIEW* que é executada, ou melhor, o comando da *VIEW* que é executado. Isso diminui o retrabalho, pois não é preciso utilizar o mesmo comando novamente, além de ser possível organizar os comandos separadamente em *VIEWS*.

Abaixo veremos como implementar uma *VIEW* no MySQL, bem como sua sintaxe, e como executá-la.

1. Na estrutura do banco de dados, clique com o botão direito do mouse sobre o agrupamento *VIEWS*. No menu que se abre, clique na opção *Create View*.

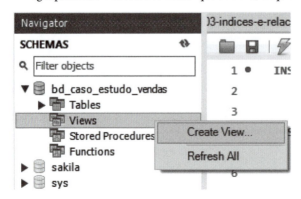

2. Ao selecionar essa opção, será aberta uma janela com o conteúdo inicial da *VIEW*.

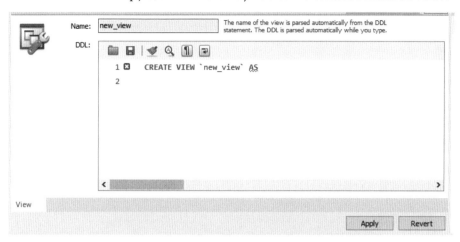

3. No campo *Name*, digite *view_compra_produto_cliente* e então insira o comando *SELECT* que ficará armazenado na *VIEW*, conforme o script a seguir.

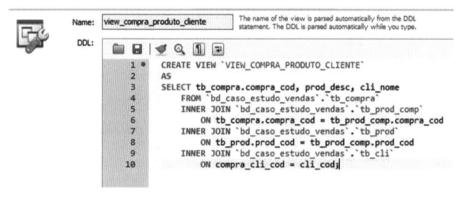

4. Para finalizar a criação da *VIEW*, clique no botão *Apply* e, na janela de confirmação, clique novamente em *Apply*. Então, a *VIEW* estará pronta para ser executada conforme o exemplo a seguir, retornando o mesmo resultado da consulta.

Procedures

Uma *PROCEDURE* é uma sub-rotina armazenada no banco de dados. As *PROCEDURES* costumam possuir um nome, seguido por parâmetros de entrada e então instruções SQL. Diferentemente das *VIEWS*, as *PROCEDURES* podem executar todos os comandos SQL, desde uma consulta com *SELECT* até comandos DML, tais como *ALTER TABLE*, além de poderem conter elementos de lógica de programação, tais como *loop*, *case* e *if*.

As *PROCEDURES* devem ser utilizadas em situações semelhantes às das *VIEWS*, em que um comando ou uma sequência de instruções são executadas constantemente, ou possuam elementos de lógica de programação antes ou durante o manuseio dos dados, de forma que a melhor opção é o uso de *PROCEDURES*, de forma que a lógica e a execução das instruções fiquem centralizadas.

A seguir, veremos como implementar uma *PROCEDURE* que será responsável por retornar o código da compra, a descrição dos produtos e o nome do cliente. Porém, essa procedure terá uma cláusula *WHERE* para filtrar as compras pelo código que será informado.

1. Na estrutura do banco de dados, clique com botão direito no agrupamento *Stored Procedures* e clique na opção *Create Stored Procedure*.

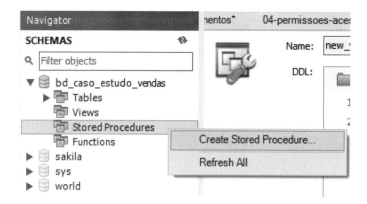

2. Será aberto o editor de PROCEDURES. No campo Name, digite procedure_compra_produto_cliente e então insira o código para a implementação da PROCEDURE, de acordo com o script a seguir.

3. Clique em Apply e prossiga com a criação da PROCEDURE. Para executá-la, utilize o comando a seguir, informando entre os parênteses o código da compra que deve ser apresentada, conforme a cláusula adicionada à consulta.

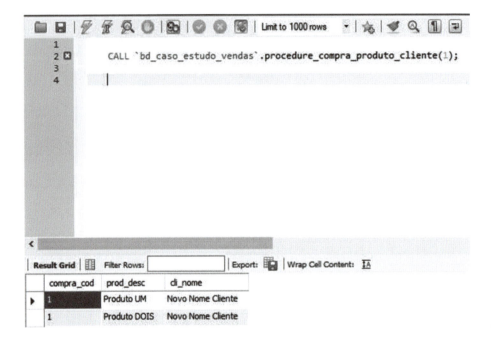

Triggers

A palavra *trigger* pode ser traduzida como "gatilho" em português. Assim, as *TRIGGERS* são objetos do banco de dados diretamente associados a uma tabela e, assim como o nome indica, serão ativadas quando uma ação definida for executada na tabela. O gatilho pode ser executado quando se executa uma das seguintes instruções: *INSERT*, *UPDATE* e *DELETE*. Além disso, é possível definir se ele será executado antes ou depois da instrução.

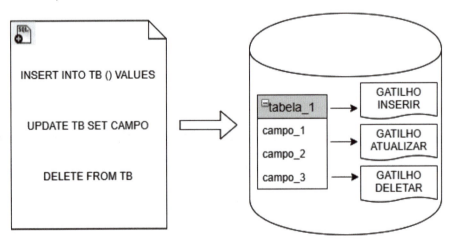

A seguir, implementaremos uma *TRIGGER* que será o gatilho da tabela *tb_prod_comp*. Esse gatilho ativará um fluxo com a maioria dos comandos e cláusulas SQL que aprendemos. O gatilho será ativado toda vez que um produto for adicionado a uma compra. Ao ser ativado, ele executará o seguinte fluxo:

A. Recuperar o número da compra que executou o gatilho.

B. Recuperar o número do produto que foi associado à compra.

C. Recuperar todos os códigos de produtos associados à compra do código recuperado no item A.

D. Realizar uma consulta na tabela de produtos, utilizando a função *COUNT()*, para retornar a quantidade de produtos que estão associados à compra.

E. Atualizar o campo *compra_qtd_prod* da tabela de compras com a quantidade de produtos que a compra possui.

1. Clique com o botão direito sobre a tabela *tb_prod_comp*, pois a *TRIGGER* será armazenada nela. No menu que se abre, clique em *Alter Table*.

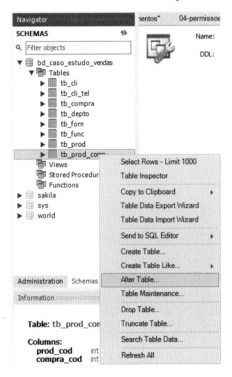

2. Será aberto o esquema da tabela. Clique na aba *Triggers* e, em seguida, escolha o momento em que a instrução do gatilho deve ser executada. No nosso caso, o gatilho deverá ser executado após o dado ser inserido (*AFTER INSERT*).

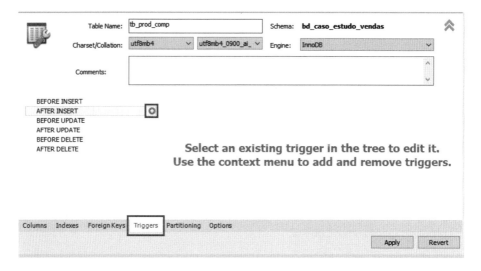

3. Seguindo as diretrizes do fluxo indicado anteriormente, implemente o gatilho conforme o script a seguir.

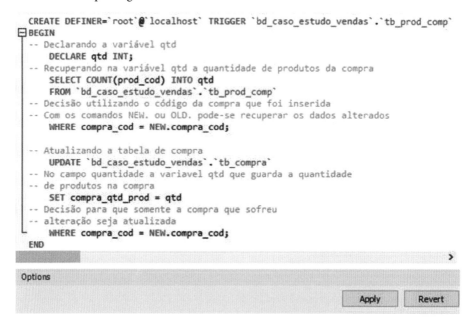

4. Clique em *Apply* e siga as instruções na tela para criar a *TRIGGER*. Para testá-la, use o código a seguir para verificar a quantidade atual de produtos na compra de código 2.

```
SELECT compra_qtd_prod
FROM `bd_caso_estudo_vendas`.`tb_compra`
WHERE compra_cod = 2;
```

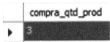

5. Em seguida, use o script a seguir para inserir um novo produto na compra de código 2.

```
INSERT INTO `bd_caso_estudo_vendas`.`tb_prod_comp`(prod_cod, compra_cod)
    VALUES (2, 2);
```

6. Por fim, verifique novamente a quantidade de produtos na tabela de compra usando o script a seguir.

```
SELECT compra_qtd_prod
FROM `bd_caso_estudo_vendas`.`tb_compra`
WHERE compra_cod = 2;
```

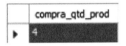

Pronto! Chegamos ao fim do livro. Ao longo dessas páginas, você aprendeu a modelar um banco de dados do início ao fim, além de implementá-lo usando o SGBD MySQL Workbench. Também viu como popular o banco de dados, realizar consultas e melhorar sua performance. Parabéns!

Anotações

6

Exercícios

Agora, para praticar tudo o que aprendeu, responda às perguntas e faça as atividades deste capítulo. Se encontrar dificuldades ou tiver alguma dúvida, não hesite em procurar as respostas nos capítulos anteriores. E lembre-se de sempre continuar praticando e aprendendo, a fim de solidificar e expandir seus conhecimentos.

1. O que são dados?
2. Explique a diferença entre dado, metadado e banco de dados. Dê exemplos.
3. Qual o significado da sigla SGBD? Para que serve? Quais são suas funções? Cite exemplos de SGBDs.
4. O que é cardinalidade?
5. Identifique no esquema abaixo os tipos objetos assinalados.

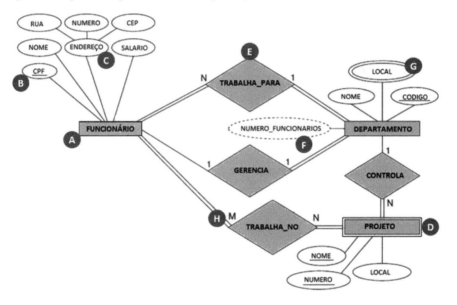

6. Implemente o modelo físico do diagrama do exercício 5.
7. Crie um novo banco de dados no MySQL Workbench com o nome *bd_exercicio*.
8. Crie um script com o nome *01_estrutura.sql* e inclua nele os comandos para a criação das tabelas, índices, chaves primárias e chaves estrangeiras, com base no modelo físico criado no exercício 6.
9. Crie o script *02_massa_de_dados.sql* e insira dados nas tabelas criadas no exercício 8 (veja a resolução deste exercício, nas próximas páginas, para encontrar os dados a serem inseridos).
10. Crie uma consulta com *INNER JOIN* que retorne as seguintes informações: o nome do funcionário, o nome do departamento em que o funcionário trabalha e o número do projeto.
11. Crie uma *TRIGGER* que atualize o número de funcionários no departamento a cada vez que um funcionário for associado ao departamento.

Respostas

1. Dados são informações organizadas, a matéria-prima dos bancos de dados.
2. Os dados trazem informações sobre algo, como números de telefone, endereços, etc. Os metadados são informações sobre o dado, como o nome ou o tipo de dado. O banco de dados é o conjunto dos dados agrupados e organizados.
3. Sistema Gerenciador de Banco de Dados. O SGBD possibilita que os dados sejam organizados de uma maneira melhor e com mais segurança, para que não sejam perdidos, além de facilitar a manutenção. Suas principais funções são a modelagem, a construção e a manipulação de um ou mais bancos de dados. O MySQL Workbench é um exemplo de SGBD.
4. A cardinalidade representa a exclusividade ou não dos dados relacionados entre entidades. Por exemplo, em um relacionamento entre duas entidades, a cardinalidade definirá se os dados de uma entidade serão relacionados somente uma vez (conforme o relacionamento um para um); se serão relacionados por mais de um dado da outra entidade (como no relacionamento um para muitos); ou se ambas as entidades poderão ter muitos dados se relacionando (conforme o relacionamento muitos para muitos).
5. Os objetos são os seguintes:

   A: Entidade forte.

   B: Atributo identificador.

   C: Atributo composto.

   D: Entidade fraca.

   E: Relacionamento com cardinalidade 1 para muitos.

   F: Atributo derivado.

   G: Atributo multivalorado.

   H: Relacionamento com cardinalidade muitos para muitos.
6. O modelo físico é o seguinte:

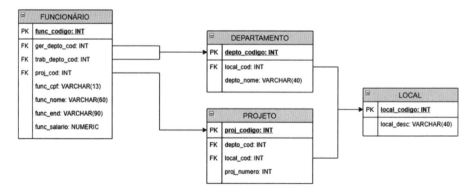

7. Esta atividade pode ser realizada pelo modo interativo, através do ícone 🗄 ou através do comando CREATE SCHEMA `bd_exercicio` ;.

8. O script para criação das tabelas é o seguinte:

```
-- CRIAÇÃO DAS TABELAS
CREATE TABLE `bd_exercicio`.`tb_funcionario`(
    `func_codigo` INT NOT NULL PRIMARY KEY,
    `func_nome` VARCHAR(60) NULL,
    `func_cpf` VARCHAR(13) NULL,
    `forn_end` VARCHAR(90) NULL,
    `forn_salario` NUMERIC,
    `ger_depto_cod` INT,
    `trab_depto_cod` INT,
    `proj_cod` INT
);

CREATE TABLE `bd_exercicio`.`tb_departamento`(
    `depto_codigo` INT NOT NULL PRIMARY KEY,
    `depto_nome` VARCHAR(60) NULL,
    `local_cod` INT
);

CREATE TABLE `bd_exercicio`.`tb_projeto`(
    `proj_codigo` INT NOT NULL PRIMARY KEY,
    `proj_numero` INT,
    `depto_cod` INT,
    `local_cod` INT
);

CREATE TABLE `bd_exercicio`.`tb_local`(
    `local_codigo` INT NOT NULL PRIMARY KEY,
    `local_desc` VARCHAR(60) NULL
);
```

O script para a criação dos índices e chaves estrangeiras é o seguinte:

```sql
-- INDICE E FK FUNCIONARIO /GERENCIA/ DEPARTAMENTO
ALTER TABLE `bd_exercicio`.`tb_funcionario`
ADD INDEX `fk_ger_depto_cod_idx` (`ger_depto_cod` ASC);

ALTER TABLE `bd_exercicio`.`tb_funcionario`
ADD CONSTRAINT `fk_ger_depto_cod`
  FOREIGN KEY (`ger_depto_cod`)
  REFERENCES `bd_exercicio`.`tb_departamento` (`depto_codigo`);

-- INDICE E FK FUNCIONARIO /TRABALHA_PARA/ DEPARTAMENTO
ALTER TABLE `bd_exercicio`.`tb_funcionario`
ADD INDEX `fk_trab_depto_cod_idx` (`trab_depto_cod` ASC);

ALTER TABLE `bd_exercicio`.`tb_funcionario`
ADD CONSTRAINT `fk_trab_depto_cod`
  FOREIGN KEY (`trab_depto_cod`)
  REFERENCES `bd_exercicio`.`tb_departamento` (`depto_codigo`);

-- INDICE E FK FUNCIONARIO /TRABALHA_NO/ PROJETO
ALTER TABLE `bd_exercicio`.`tb_funcionario`
ADD INDEX `fk_proj_cod_idx` (`proj_cod` ASC);

ALTER TABLE `bd_exercicio`.`tb_funcionario`
ADD CONSTRAINT `fk_proj_cod`
  FOREIGN KEY (`proj_cod`)
  REFERENCES `bd_exercicio`.`tb_projeto` (`proj_codigo`);


-- INDICE E FK DEPARTAMENTO LOCAL / ATRIBUTO MULTIVALORADO
ALTER TABLE `bd_exercicio`.`tb_departamento`
ADD INDEX `fk_local_depto_cod_idx` (`local_cod` ASC);

ALTER TABLE `bd_exercicio`.`tb_departamento`
ADD CONSTRAINT `fk_depto_local_cod`
  FOREIGN KEY (`local_cod`)
  REFERENCES `bd_exercicio`.`tb_local` (`local_codigo`);

-- INDICE E FK PROJETO LOCAL / ATRIBUTO MULTIVALORADO
ALTER TABLE `bd_exercicio`.`tb_projeto`
ADD INDEX `fk_local_proj_cod_idx` (`local_cod` ASC);

ALTER TABLE `bd_exercicio`.`tb_projeto`
ADD CONSTRAINT `fk_proj_local_cod`
  FOREIGN KEY (`local_cod`)
  REFERENCES `bd_exercicio`.`tb_local` (`local_codigo`);
```

9. O script para inserir dados nas tabelas é o seguinte:

```
-- INSERINDO DADOS NA TABELA LOCAL
INSERT INTO `bd_exercicio`.`tb_local`(local_codigo, local_desc) VALUES (1, 'São Paulo');
INSERT INTO `bd_exercicio`.`tb_local`(local_codigo, local_desc) VALUES (2, 'Minas Gerais');
INSERT INTO `bd_exercicio`.`tb_local`(local_codigo, local_desc) VALUES (3, 'Rio de Janeiro');


-- INSERINDO DADOS NA TABELA DEPARTAMENTO
INSERT INTO `bd_exercicio`.`tb_departamento`(depto_codigo, depto_nome, local_cod)
    VALUES (1, 'TI', 1);

INSERT INTO `bd_exercicio`.`tb_departamento`(depto_codigo, depto_nome, local_cod)
    VALUES (2, 'RH', 2);

INSERT INTO `bd_exercicio`.`tb_departamento`(depto_codigo, depto_nome, local_cod)
    VALUES (3, 'ADM', 3);

-- INSERINDO DADOS NA TABELA PROJETO
INSERT INTO `bd_exercicio`.`tb_projeto`(proj_codigo, proj_numero, depto_cod, local_cod)
    VALUES (1, 11, 1, 1);

INSERT INTO `bd_exercicio`.`tb_projeto`(proj_codigo, proj_numero, depto_cod, local_cod)
    VALUES (2, 22, 2, 2);

-- INSERINDO FUNCIONÁRIO QUE TRABALHA NO DEPTO 1 E PROJETO 1, ESTE FUNCIONÁRIO NÃO GERENCIA UM DEPARTAMENTO
INSERT INTO `bd_exercicio`.`tb_funcionario`(func_codigo, func_nome, func_cpf, forn_end, forn_salario, ger_depto_cod, trab_depto_cod, proj_cod)
    VALUES (1, 'Jose Silva', '12312312344', 'Endereço', 2000, null, 1, 1);

-- INSERINDO FUNCIONÁRIO QUE TRABALHA E GERENCIA O DEPARTAMENTO 2, E TRABALHA TAMBÉM NO PROJETO 2
INSERT INTO `bd_exercicio`.`tb_funcionario`(func_codigo, func_nome, func_cpf, forn_end, forn_salario, ger_depto_cod, trab_depto_cod, proj_cod)
    VALUES (2, 'Ana Silva', '12345678944', 'Endereço', 3000, 2, 2, 2);
```

10. O script para criar uma consulta com *INNER JOIN* é o seguinte:

```
SELECT func_nome, depto_nome, proj_numero
FROM `bd_exercicio`.`tb_funcionario`
INNER JOIN `bd_exercicio`.`tb_departamento` on depto_codigo = trab_depto_cod
INNER JOIN `bd_exercicio`.`tb_projeto` on proj_codigo = proj_cod
```

func_nome	depto_nome	proj_numero
Jose Silva	TI	11
Ana Silva	RH	22

11. O script para criar a *TRIGGER* com o comando *ALTER TABLE* é o seguinte:

```
CREATE DEFINER=`root`@`localhost` TRIGGER `bd_exercicio`.`tb_funcionario_AFTER_INSERT`
    AFTER INSERT ON `tb_funcionario` FOR EACH ROW
BEGIN
-- Declarando variável que vai guardar a quantidade de funcionarios
DECLARE qtdFuncDepto INT;
    -- Fazendo uma verificação lógica para confirmar se
    -- o departamento do funcionario foi informado
    IF (NEW.trab_depto_cod IS NOT NULL) THEN
        -- Recuperando a quantidade de registros de funcionarios cujo código
        -- respeite a clausula WHERE
        SELECT COUNT(func_codigo)
        FROM `bd_exercicio`.`tb_funcionario`
        WHERE trab_depto_cod = NEW.trab_depto_cod
        INTO qtdFuncDepto;
        -- Atualizando tabela de departamento com a quantidade calculade de funcionários
        UPDATE `bd_exercicio`.`tb_departamento`
        SET depto_qtd_func = qtdFuncDepto
        WHERE depto_codigo = NEW.trab_depto_cod;

    END IF;
END
```

Anotações

Sobre a autora

Paloma Cristina Pereira é técnica em desenvolvimento de sistemas e graduada em ciências da computação pelo Centro Universitário das Faculdades Metropolitanas Unidas de São Paulo. É analista e engenheira de sistemas, com ampla vivência em projetos. Na construção civil, adquiriu alto conhecimento em tecnologia de bancos de dados, antes de migrar para projetos em instituições financeiras de grande porte. Tem como *hobby* inventar projetos automatizados com Raspberry e Arduino.

Índice geral

Acessando o MySQL através da linha de comando, 65
Acessando o MySQL pelo modo interativo, 67
Alterar, excluir e consultar dados, 92
Aplicando a primeira forma normal (1NF), 52
Aplicando a segunda forma normal (2NF), 52
Aplicando a terceira forma normal (3NF), 53
Apresentação, 7
Aprimorando o banco de dados e as consultas (Capítulo), 95
Atributos, 33
Bancos de dados em rede, 25
Bancos de dados hierárquicos, 24
Bancos de dados relacionais, 25
Cenário proposto, 37
Cláusula *GROUP BY*, 101
Cláusula *JOIN*, 97
Cláusula *ORDER BY*, 100
Cláusula *WHERE*, 99
Cláusulas, 99
Cláusulas, operadores e funções SQL, 99
Comando *ALTER*, 79
Comando *COMMIT*, 106
Comando *CREATE*, 79
Comando *DELETE*, 91
Comando *DROP*, 79
Comando *GRANT*, 86
Comando *INSERT*, 90
Comando *RENAME*, 80
Comando *REVOKE*, 87
Comando *ROLLBACK*, 106
Comando *SELECT*, 90
Comando *START TRANSACTION*, 107
Comando *TRUNCATE*, 80
Comando *UPDATE*, 90
Como baixar o material da Série Informática, 20
Conceitos gerais, 26
Consultas com relacionamentos, 97
Criação das tabelas com o SGBD interativo, 70
Criação das tabelas por meio de um script, 80
Criação do banco de dados através de scripts SQL, 75

Criando o DER, 40

Criando o MER, 38

Criando um novo banco de dados no modo interativo, 65

Das tábuas de argila aos grandes arquivos de gavetas, 23

DCL SQL (Controle de acesso), 86

DDL SQL (Criação e alteração da estrutura), 79

Diagrama de entidade-relacionamento, 35

DML SQL (Inserção e manuseio de dados), 90

Entendendo índices e implementando relacionamentos, 82

Entidades, 33

Equipamento necessário, 9

Estrutura do livro, 9

Exercícios (Capítulo), 117

Forma normal de Boyce-Codd, 54

Função *AVG()*, 105

Função *COUNT()*, 105

Função *MAX()*, 105

Função *MIN()*, 105

Função *SUM()*, 104

Funções, 104

Identificadores de atributos na modelagem lógica, 49

Implementação do SGBD, 65

Implementando as permissões, 89

Implementando o banco de dados, 63

Implementando um MER e um DER, 37

Implementando um modelo lógico de banco de dados, 55

Importância da modelagem lógica, 49

Instalando o MySQL, 10

Introdução a bancos de dados (Capítulo), 21

Melhorando a organização e a performance, 97

Modelo conceitual (Capítulo), 31

Modelo de entidade-relacionamento, 33

Modelo físico (Capítulo), 61

Modelo lógico (Capítulo), 47

Normalização de bancos de dados, 50

O que é a Série Informática, 9

Operador *AND*, 102

Operador *BETWEEN*, 103

Operador *IN*, 103

Operador *OR*, 102

Operadores, 102

Organizando os scripts, 77

Os primeiros bancos de dados computacionais, 23

Para que usar bancos de dados, 27

Populando tabelas, 91

Privilégio *ALL,* 88

Privilégio *ALTER,* 88

Privilégio *CREATE,* 88

Privilégio *DELETE,* 89

Privilégio *DROP,* 89

Privilégio *EXECUTE,* 89

Privilégio *INSERT,* 89

Privilégio *SELECT,* 89

Privilégio *UPDATE,* 89

Procedures, 110

Profissionais que atuam com bancos de dados, 28

Relacionamento e cardinalidade, 34

Respostas, 120

Simbologia no DER, 35

Símbolos para atributos, 36

Símbolos para entidades, 35

Símbolos para relacionamentos e cardinalidade, 37

Sistema de banco de dados, 28

Sistema de gerenciamento de banco de dados (SGBD), 27

Tipos com caracteres, 63

Tipos de dados, 63

Tipos de data e hora, 63

Tipos numéricos, 63

Transações e integridade dos dados, 106

Transactions, 106

Triggers, 112

Utilizando o material da Série Informática, 10

Views, 108

Anotações

Anotações

Anotações

Anotações

Anotações

Anotações

Anotações